rororo aktuell Essay – Herausgeber
Ingke Brodersen · Freimut Duve

PETER-JÜRGEN BOOCK

Schwarzes Loch

Im Hochsicherheitstrakt

rororo

Rowohlt

Originalausgabe
Redaktion Thomas Becker

Veröffentlicht im Rowohlt Taschenbuch Verlag GmbH,
Reinbek bei Hamburg, Dezember 1988

Umschlagentwurf Jürgen Kaffer / Peter Wippermann
(Foto: Marily Stroux)
Satz Baskerville (Linotron 202)
Gesamtherstellung Clausen & Bosse, Leck
Printed in Germany
1000-ISBN 3 499 12505 6

Für alle Freundinnen und Freunde,
die mir geholfen haben, die Zeit in der Isolation zu überstehen.

STATT EINER EINLEITUNG

Einen langen Text schreiben über die Hochsicherheitshaft, über das, was mit Menschen dort geschieht, was mit ihnen gemacht wird, was in ihnen vorgeht?

Die Idee, das zu versuchen, hatte ich bereits, als ich noch selbst in Stuttgart-Stammheim im berühmt-berüchtigten siebten Stock saß. Trotzdem habe ich das Projekt lange Zeit vor mir hergeschoben, denn was mit mir selbst in mehreren Jahren HS-Haft geschehen war, war noch zu nah. Die Folgen dieser Jahre sind bis heute spürbar, machen sich in regelmäßig wiederkehrenden Alpträumen bemerkbar oder in der Unfähigkeit, Diskussionen mit mehreren Teilnehmern konzentriert zu folgen. Vieles, was der Trakt in mir angerichtet und zerstört hat, werde ich wohl nie richtig beschreiben können. So wird auch der vorliegende Text nur Fragment bleiben, denn diese Haftform, die amnesty international zu Recht als «weiße Folter» bezeichnet hat, hinterläßt keine sichtbaren Spuren. Die Mechanismen der Hochsicherheitshaft greifen unsichtbar unter die Haut und ins Innere des Kopfes.

Was ich im nachfolgenden zusammengetragen habe, sind Notizen aus diesen Haftjahren, Erinnerungen daran, was ich empfunden habe, aber auch Tatsachenmaterial, von den Einheitshaftbedingungen für 129a-Gefangene bis zu Beschlagnahmebeschlüssen. Aufgenommen habe ich auch die Beschreibung Ulrike Meinhofs über ihre Zeit im toten Trakt. In diesen Aufzeichnungen hat sie stichwortartig und in komprimierter Form zusammengefaßt, was ich an anderer Stelle ausführlicher zu beschreiben versucht habe. Auch einige Beschreibungen und Zitate aus Artikeln und Briefen von Freunden haben Eingang in den Text gefunden, um die Außensicht auf den HS-Trakt wiedergeben zu können.

Für mich war die Arbeit an diesem Buch sehr schwer. Vieles, was ich längst verarbeitet zu haben glaubte, kam wieder hoch. Ich habe an einigen Stellen tagelang nicht weiterschreiben können, die Gespenster waren noch zu lebendig und bedrohlich. Nachdem ich nun die letzten Seiten geschrieben habe, bin ich mir mehr denn je sicher, daß mich die Folgen dieser Haftjahre den Rest meines Lebens begleiten und verfolgen werden.

Ich möchte die Gelegenheit benutzen, um heute nochmals allen Freundinnen und Freunden zu danken, die mir in der Zeit der Hochsicherheitshaft mit Geduld und Einfühlungsvermögen beigestanden haben. Ohne ihre Hilfe hätte ich diese Jahre nicht überstanden, und dieses Buch wäre nie erschienen. Sie waren da, als ich nahe daran war, aufzugeben, und sie haben mir bis heute manch notwendigen Tritt in den Allerwertesten gegeben, wenn ich wieder einen Tiefpunkt erreicht hatte und scheinbar nichts mehr ging.

Die Trakte gibt es heute noch immer, und nach wie vor werden dort Menschen unter inhumanen und entwürdigenden Bedingungen in Haft gehalten. Ich behaupte, daß sich eine Gesellschaft, die solche Haftformen hinnimmt, ihrerseits schuldig macht. Ich behaupte weiterhin, daß es keine rationalen Argumente gibt, die diese unmenschliche Form der Inhaftierung zu rechtfertigen vermögen, auch nicht die vermeintliche Gefahr für die Allgemeinheit, die von Terroristen nach ihrer Verhaftung angeblich noch immer ausgeht.

In letzter Zeit wurde in der Linken und in den Medien viel über die Möglichkeit einer Amnestie für die Gefangenen aus der RAF diskutiert und berichtet. Nichts wäre wünschenswerter als eine Beendigung der Eskalation im Bereich der sogenannten Inneren Sicherheit und eine politische Lösung des Problems des bundesdeutschen Terrorismus. Ich bezweifle jedoch, daß diese Diskussion zu Ergebnissen führen wird, solange es die Hochsicherheitstrakte gibt.

Die Einrichtung der HS-Trakte hat Unsummen gekostet, Gelder, die besser in die politische Ursachenforschung geflossen wären, auch wenn der Staat Bundesrepublik dabei womöglich nicht gut abgeschnitten hätte. Denn auch das müßte inzwischen eigentlich klar sein: ohne die vermeintlich bewältigte jüngere deutsche Geschichte, ohne die Zeit des deutschen Faschismus und die Auswirkungen dieser Zeit bis in die Gegenwart hinein hätte es wohl keine Rote-Armee-Fraktion gegeben. Ob uns auch die Hochsicherheitstrakte erspart geblieben wären, vermag ich nicht zu sagen. In diesem Land war und ist es leider populär, nach harten Strafen zu schreien und gleichzeitig die gesellschaftlichen Ursachen für die wachsende Kriminalität auszublenden.

Der folgende Text über die Hochsicherheitshaft ist parteiisch und soll es auch sein. Hochsicherheitshaft zerstört Menschen, ihre Psyche wie ihre Physis, dazu kann es keine «neutrale» Position geben.

Peter-Jürgen Boock
Justizvollzugsanstalt
Fuhlsbüttel II
20. September 1988

IM ABSEITS

Schwarzes Loch: Endstadium einer ausgebrannten Riesensonne, deren Masse und Gewicht sich so weit verdichtet haben, daß sich selbst das Licht ihrer Anziehungskraft nicht mehr zu entziehen vermag.

Die Räume sind von steriler Sachlichkeit, die Flure von Kliniken sehen so aus, selbst die üblichen drei Töpfe Immergrün sind an der Stelle zu finden, an der sie üblicherweise stehen. Irritierend sind eigentlich nur die rotbraunen Stahltüren mit ihren überdimensionierten Schlössern und den zwei verriegelbaren Klappen. Hochsicherheitstrakt, unwillkürlich habe ich mit diesem Wort etwas Kerkerhaft-Düsteres verbunden, an spiegelblank gebohnertes helles Linoleumparkett unter einem Lochplattenneonhimmel habe ich jedenfalls nicht gedacht. Die beiden Videokameras, die kreuzweise so installiert sind, daß es auf dem Flur keine uneinsehbaren Winkel gibt, sind so dezent verkleidet, daß man trotz spiegelnder Optik nicht den Großen Bruder assoziiert.

«Würden Sie sich bitte entkleiden!» Der Befehl ist in eine höfliche Floskel verpackt, der Mann, der ihn ausspricht, trägt eine grüne Uniform, steht mit gespreizten Beinen und auf dem Rücken verschränkten Händen in der Tür. Links und rechts neben der Tür zwei weitere Uniformierte, einer lehnt mit der Schulter an der Wand und sieht an mir vorbei, der andere mustert mich scheinbar teilnahmslos, während seine Hände miteinander ringen. Ganz kurz denke ich daran, dieses Mal «nein» zu sagen. Es würde nur zur Folge haben, daß der Beamte auf den roten Alarmknopf neben der Tür drückt. Vier oder fünf weitere Uniformierte, die schon auf ihren Auftritt warten, würden blitzschnell erscheinen. Die einen würden mich festhalten, die anderen würden mir die Zivilkleidung vom Körper reißen. Ich drehe ihnen den Rücken zu und beginne mich langsam auszuziehen. Vor mir steht keiner, dieses kleine Eckchen Intimität habe ich mir vorläufig bewahrt. Ich will mir nichts anmerken lassen, ruhig ziehe ich die Hose und das Hemd aus, lege alles sorgfältig zusammen und stapele es vor mir auf dem Tisch. Bei der Unterhose zögere ich, einen Sekundenbruchteil nur.

«Auch die Unterhose... bitte!» Die schnelle Reaktion verrät Professionalität, darauf ausgerichtet, eventuelle Widerstände schon im Ansatz zu erkennen. Die den Akt überwachen, tun dies nicht das erste Mal. «Würden Sie sich bitte umdrehen!» Die beiden Beamten links und rechts neben der Tür treten zwei Schritte vor. Der Uniformierte in der Mitte greift in seine Tasche, holt ein längliches Plastikpäckchen heraus und reißt es auf. Zwei hautfarbene Gummihandschuhe zieht er aus der Verpackung, die er zusammenknüllt und wieder in die Tasche steckt. Während er sie überzieht, mustert er mich prüfend und sagt: «...aus hygienischen Gründen... ich muß Ihre Haare und Ihre... äh... Genitalien... äh... revidieren.» Er tritt vor mich und fährt mir mit beidhändig gespreizten Gummihandschuhfingern durch die Haare. Dann tritt er einen halben Schritt zurück und faßt mir grifflos in den Schritt. Das alles geht so schnell, daß mich die Gummihandschuhhände umdrehen können, noch bevor der aufkommende Ekel Abwehr hervorruft. «Beugen Sie sich bitte vor!» Ich tue auch das. Eine Pause entsteht, dann zucke ich zurück, weil etwas kalt und feucht meinen After berührt. «Das ist nur Vaseline, es soll ja nicht weh tun...»

Sie schalten das Licht morgens um 6.00 Uhr an und abends um 23.00 Uhr wieder aus. Sie bringen pünktlich um 7.00 Uhr das Frühstück, um 11.30 Uhr das Mittagessen und um 16.30 Uhr das Abendbrot. Sie bringen dich montags und freitags zum Duschen. Sie durchsuchen jeden Tag deine Zelle, während du auf dem Dach im Betonkäfig eine Stunde lang im Kreis marschierst. Sie eröffnen dir, daß die Tageszeitung schon wieder «festgehalten» wurde, weil ihr «Inhalt geeignet ist, den ordnungsgemäßen Vollzug der Untersuchungshaft zu gefährden». Sie sehen dich nackt, jedesmal, wenn du die Zelle verläßt. Sie bringen dir die Post... oder die Beschlagnahmungsbeschlüsse. Sie achten darauf, daß du nicht mehr als zehn Bücher in der Zelle hast. Sie bringen dir das Nähzeug und holen es wieder ab. Sie tasten deinen Sack ab und fingern dir im Arsch herum. Sie reden dich bei allem, was sie tun, mit «Sie» und «Herr» an. Sie sind Beamte.

Am längsten sind die Sonntagabende. Sonntags ist bereits um 15.30 Uhr «Einschluß», danach wird die Tür nur noch in absoluten Notfällen und in Anwesenheit mindestens eines bewaffneten Uniformierten geöffnet. Aus dem Radio kommt seichte Wochenendausklangmusik, die die Zeit zusätzlich dehnt, du schaltest das Radio ab und legst dich auf die Pritsche. Dein Wohnschlafeßundarbeitsklo ist ein unvorstellbar großer leerer Raum, groß genug, um hunderttausend abschweifender Gedanken zu weniger als einem Staubkorn zu degradieren. Du bist eingeschlossen in ein Stahlbetonschließfach, unter und über, neben und gegenüber dem sich weitere Schließfächer aneinanderreihen und aufeinandertürmen. Ein Berg von Wut, Verzweiflung und Sehnsucht, von Rachephantasien, von verstummten Schreien. Du rechnest nach, wie viele Türen zwischen dieser Zelle und dem Ausgang liegen. Du kommst bis zu der Tür, die auf der anderen Seite der Trennscheibe aus dem Anwaltssprechzimmer führt, wie viele Türen danach noch kommen, kannst du nur raten. Du stehst auf und setzt dich an den Tisch. Da liegt ein Blatt Papier und ein Füllfederhalter. Auf dem Blatt steht oben «Stammheim, den» und etwas tiefer links «Liebe Barbara».

Was sollst du schreiben? Wie das Summen der Neonröhre klingt?

Du gehst zum Waschbecken und drehst den Hahn auf. Das Rauschen und die Kälte, du läßt den Strahl einen Augenblick lang durch die gespreizten Finger schießen, dann schöpfst du dir mit beiden Händen die prickelnde Kälte ins Gesicht. Prusten, mit geschlossenen Augen das Suchen nach dem Handtuch, du tauchst aus dem Frottee wieder auf und bist zurück in der Zelle. Zweieinhalb Schritte, und du liegst wieder auf der Pritsche. Wände rahmen das Blickfeld ein, du kennst jeden Fleck und jeden Kratzer, jeden winzigen Riß und jede Unebenheit. Deine Gedanken sind über alle Rauhputzflächen gekrochen und haben die Kraterlandschaft erschlossen, katalogisiert und durchträumt. Die Wände hier haben sich mit der Zeit und der Stille verbündet. Vereint saugen sie dir das Gehirn aus dem Schädel.

Hochsicherheitshaft, Absonderungshaft, Isolationshaft, Einzelhaft, die Schwere der Haft mag leicht differieren, aber alle diese Haftformen haben eines gemein: Der sowieso stark eingeschränkte Handlungsspielraum des Gefangenen wird auf ein Minimum reduziert. Die Sicherheit diktiert den Umfang der Einschränkungen. Begründet werden sie mit der vermeintlichen, oft genug nur unterstellten Gefährlichkeit einer bestimmten Gruppe von Gefangenen. Die Terroristen, die Renitenten, die Querulanten, die Drogensüchtigen und – ausgerechnet – die psychisch Kaputten und Labilen bevölkern den Knast im Knast. Der Trakt, die Isolierstation produzieren selbst den Eindruck, daß diejenigen, um die ein solcher Sicherheitsaufwand betrieben wird, einfach gefährlich sein müssen. Wer im Trakt landet, an dem wird «vollzogen», der «Resozialisierungsgedanke» spielt hier nicht einmal mehr die Alibirolle, für die er im «Normalvollzug» herhalten muß.

Der Trakt soll die völlige Kontrolle über alle nach außen gerichteten Aktivitäten einer Person ermöglichen und alle eventuell unkontrollierbaren Lebensäußerungen unterbinden. Doppelgitter und extra aufgeschweißte Fliegengitter, Sichtblenden und Sägezahnbauweise, Trennscheiben in den Anwaltssprechzellen, nackt ausziehen und umkleiden beim Verlassen der Zelle und bevor sie wieder betreten werden darf, Begrenzung und regelmäßige Kontrolle aller brieflichen Kontakte, Isolierung von allen übrigen Gefangenen oder Kontakte nur zu solchen Gefangenen, die danach über den Inhalt der Gespräche Auskunft geben, doppelte Besuchsüberwachung durch besonders geschulte Justiz- und Staatsschutzbeamte, die alle Gesprächsinhalte sinngemäß festzuhalten und die Besuche abzubrechen haben, wenn bestimmte Themen, Personen oder Institutionen erwähnt werden. Da bestimmte Bücher, Zeitungen, Periodika und Informationsbroschüren zu Widerstand, Aufruhr oder Subversion anleiten, aufrufen oder eine solche Vorgehensweise ideologisch rechtfertigen und moralisch unterstützen, wird Sorge getragen, daß sie den Gefangenen nicht erreichen; sie werden beschlagnahmt. Gleiches gilt für Briefe, die über das rein Persönliche hinausgehen und unter Vorwänden – zum Beispiel durch das

Aufgreifen tagespolitischer Ereignisse oder das Zitieren marxistisch-leninistischer Klassiker – die ideologisch-politische Weltsicht des Gefangenen zu bestätigen und zu stärken suchen. Auseinandersetzungen dieser Art müssen mit dem Mittel der Zensur unterbunden werden.

HAFTBEDINGUNGEN FÜR GEFANGENE NACH § 129a StGB

1. Allgemeines

1.1. Es dürfen nur in der Zelle befindliche Lichtquellen benutzt werden.

1.2. Die Zelle und die darin befindlichen Sachen des Gefangenen werden in der durch Verfügung des Anstaltsleiters bestimmten Häufigkeit durchsucht.

1.3. Der Haftraum wird in Abwesenheit des Gefangenen durchsucht.

1.4. Nach Verlassen des Haftraums ist der Gefangene unter vollständiger Umkleidung körperlich zu durchsuchen.

1.4.1. Das Umkleiden wird ohne Beisein anderer Gefangener unter Aufsicht von mindestens zwei Bediensteten in einer Umkleidezelle durchgeführt. Dabei hat der Untersuchungsgefangene sämtliche Kleidungsstücke abzulegen, damit der Körper von allen Seiten betrachtet werden kann. Erst nach vollständiger Übergabe der abgelegten Kleidungsstücke wird neue Kleidung ausgegeben.

Ergibt sich der Verdacht, daß in Körperhöhlen verbotene Gegenstände versteckt sind, ist unverzüglich die Untersuchung des Gefangenen durch den Anstaltsarzt zu veranlassen. Bis dahin ist der Gefangene ständig zu beobachten.

1.5. Sicherheitskontrollen werden täglich durchgeführt.

1.6. Der Untersuchungsgefangene wird in unregelmäßigen Zeitabständen verlegt sowie anläßlich jeder Verlegung unter vollständigem Umkleiden körperlich durchsucht.

1.7. Der Gefangene hat grundsätzlich Anstaltsoberbekleidung zu tragen.

2. Ausstattung der Zelle

2.1. In der Zelle dürfen höchstens
20 Bücher oder Broschüren
20 Schnellhefter DIN A 4 sowie bis zu
4 Zeitungen und
4 Zeitschriften
aufbewahrt werden.

Eigene Bücher dürfen zweimal wöchentlich ausgetauscht werden. Schnellhefter können, soweit es sich um Verteidigerakten handelt, täglich ausgetauscht werden. Der Bezug von Büchern aus der Anstaltsbücherei ist – innerhalb der Gesamtgrenze – gestattet.

2.2. Der Untersuchungsgefangene darf ferner in der Zelle ein batteriebetriebenes Radiogerät mittlerer Größe ohne UKW- und Kurzwellenteil haben.

Auf Antrag kann der Gefangene eine eigene Schreibmaschine benutzen.

Radiogerät und Schreibmaschine werden vor Aushändigung an den Gefangenen einer genauen Überprüfung durch das IKA unterzogen und in geeigneter Weise gegen mißbräuchliche Eingriffe gesichert.

3. Gemeinschaftsveranstaltungen
dem Gefangenen ist die Teilnahme an Gemeinschaftsveranstaltungen und dem Gottesdienst untersagt.

4. Der Gefangene darf am gemeinschaftlichen Hofgang mit der 5. Abteilung / Männer teilnehmen.

Gemeinsamer Hofgang mit Untersuchungsgefangenen, die wegen des Verdachts des Vergehens nach § 129a StGB inhaftiert sind, ist ausgeschlossen.

Der Gefangene wird vor und nach dem Gemeinschaftshofgang unter vollständigem Umkleiden körperlich durchsucht.

Außer Rauchutensilien dürfen keine Gegenstände beim Hofgang mitgenommen werden.

5. Einkauf

Der Untersuchungsgefangene darf sich die vom Anstaltsleiter zugelassenen Zusatznahrungsmittel und Genußmittel sowie Gegenstände des persönlichen Bedarfs, soweit diese nicht durch richterliche Anordnung ausgeschlossen sind, über den Anstaltseinkauf beschaffen. Der Einkauf hat über Bestellzettel zu erfolgen, eine persönliche Teilnahme des Untersuchungsgefangenen am allgemeinen Anstaltseinkauf ist ausgeschlossen.

6. Zeitungsbezug

Der Gefangene darf bis zu vier deutschsprachige Zeitungen und bis zu vier deutschsprachige Wochen- und Monatszeitungen oder -zeitschriften, die im allgemeinen Handel erhältlich sind, durch Vermittlung der Anstalt beziehen. Diese Druckschriften – soweit sie dem Untersuchungsgefangenen unmittelbar vom Verlag oder dem Buchhandel oder im Postbezug übersandt werden – werden vor Aushändigung an den Untersuchungsgefangenen durch den Anstaltsleiter oder den von ihm bestimmten Anstaltsbediensteten geprüft. Falls der Anstaltsleiter gegen die Aushändigung Bedenken hat, legt er das entsprechende Druckerzeugnis dem Richter zur Entscheidung vor. Sonstige Schriftstücke und Druckerzeugnisse sind immer zur Zensur vorzulegen.

Die zahlenmäßige Beschränkung darf nicht dadurch unterlaufen werden, daß dem Gefangenen von Außenstehenden weitere Zeitungen oder Zeitschriften, Kopien solcher oder aus solchen übersandt werden. Diese werden, solange der Gefangene die zugelassene Zahl an Zeitungen oder Zeitschriften bezieht, zur Habe genommen.

Nach Abbestellung einer entsprechenden Zahl der durch die Anstalt bezogenen Zeitungen oder Zeitschriften können dem Gefangenen an deren Stelle die von dritter Seite zugesandten Zeitungen oder Zeitschriften nach vorhergehender Überprüfung (Nr. 45 Abs. 3 UVollzO) ausgehändigt werden.

7. Besuche

Besuche (Privat- und Verteidigerbesuche) werden grundsätzlich in den Trennscheibenräumen der siebten Abteilung abgehalten. Ausnahmen hierzu werden vom zuständigen Richter angeordnet. Mehrere Personen werden nur ausnahmsweise und mit Genehmigung des Richters zum gemeinschaftlichen Besuch zugelassen.

Mit Ausnahme der Verteidigerbesuche werden Besuche von Bediensteten der Vollzugsanstalt Stuttgart sowie einem Bediensteten des Bundeskriminalamts oder des Landeskriminalamts Baden-Württemberg überwacht.

Findet der Besuch nicht im Trennscheibenraum statt, ist der Gefangene vor und nach dem Besuch umzukleiden (siehe 1.4.1.).

8. Durchsuchung

Die Durchsuchung des Gefangenen erfolgt bei völliger Umkleidung (siehe 1.4.1.).

9. Die Anwendung der Untersuchungshaftvollzugsordnung (UVollzO)

Soweit durch die Einzelanordnungen Regelungen nicht betroffen sind, findet die Untersuchungshaftvollzugsordnung Anwendung.

Der Anstaltsleiter

LESERBRIEF AN DIE *TAZ*, VERÖFFENTLICHT AM 24. 11. 1982

Liebe Leute,

ich halte es für mitteilenswert, daß es Euch in den letzten vier Wochen gelungen ist, den *Arbeiterkampf* von seiner Spitzenreiterposition in der Hitparade des Stammheimer Gesinnungs-TÜVs zu verdrängen. Vom 11. 10. bis heute, den 11. 11., sind insgesamt 11 Exemplare der *taz* beschlagnahmt worden, ein einsamer Rekord.

Positiv ist dabei zu vermerken, daß auf diese Weise der Kreis der *taz*-Leser ständig wächst. Neben dem hiesigen Abteilungsleiter, der sozusagen die Grobauswahl trifft, lesen in der Regel ein Richter in Stuttgart und auf meine Bitte hin auch einer meiner Anwälte das inkriminierte *taz*-Exemplar, ersterer, um den Beschlagnahmegrund zu bestätigen, letzterer, um zu prüfen, ob der Artikel bzw. die Ausgabe etwas für mich Verfahrensrelevantes enthält. Lege ich gegen die Beschlagnahme Beschwerde ein, hat sich ein weiteres Richtergremium mit dem betreffenden Artikel zu befassen.

Besonders interessant ist es zu beobachten, daß es eine wachsende Fraktion von Tierschützern unter den Meinungswächtern zu geben scheint. Diese verwahren sich im besonderen dagegen, daß landwirtschaftlichem Nutzvieh menschliche Eigenschaften angedichtet werden. Passagen wie «die blöden Bullen» oder «die paranoiden Schweine» finden vor ihren Augen keine Gnade und gelangen ausnahmslos «zur Habe». Die Sammlung, die auf diese Weise entstanden ist, könnte in 20 oder 30 Jahren als Grundlage einer Analyse über die Psychopathologie deutscher Richter im auslaufenden 19. Jahrhundert wissenschaftlich relavant werden.

Neben der Tierliebe scheint es auch noch ein besonders intensives Verhältnis der Richterschaft zu den Jahreszeiten zu geben, genauer zum «deutschen Herbst». Die *taz*-Serie zu diesem Thema hat die letzten Arbeitsreserven der Herren beansprucht und wird nun beinahe komplett in der Habekammer verwahrt. Bemüht Euch nur weiter intensiv um Mensch und Tier, auf daß der deutsche Herbst nie ende. Auf diese Weise entsteht ein Archiv, ohne daß ihr mit Platzproblemen und Unterbringungskosten belastet werdet.

Mit besten Grüßen...

BEOBACHTUNGEN EINES AUSSER SICH STEHENDEN ÜBER SICH SELBST

Zuerst versuchte er, die Veränderungen zu ignorieren, sie schienen ihm belanglos. Jede Veränderung deiner Lebensumstände zeitigt natürlich Folgen, sagte er sich, das ist ganz normal. Als er schließlich nicht mehr umhin konnte sich einzugestehen, daß die schleichende Abstumpfung trotz krampfhaften Ignorierens weiterging, entschloß er sich heroisch, den Spieß umzudrehen und offensiv zu werden. Wenn du verhindern willst, daß dir das Vakuum die Kraft absaugt, mußt du das Vakuum füllen.

Getreu seiner neuen Devise begann er damit, seinen Tagesablauf zu systematisieren und lückenlos zu verplanen. Einen festen Rahmen für alle Aktivitäten, keine Zeit mehr für selbstzerstörerische Grübeleien, am Ende jeden Tages das gute Gefühl, das avisierte Pensum auch erledigt zu haben, das mußte doch helfen. Größerer Abstand zu sich selbst, raus aus der Opferrolle, Relativierung des Leidensdrucks durch eiserne Selbstdisziplinierung, so könnte es gehen. Also schreiben, versuchen, möglichst präzise und unemotional die Abläufe in ihm selbst und um ihn herum darzustellen. Das war ein Ventil und zugleich die Möglichkeit, das eigene Handeln im nachhinein noch einmal zu überprüfen.

Er mußte lächeln. Was für ein Gedanke! Die detaillierte Beschreibung des Wahnsinns als Prävention gegen das Verrücktwerden, ganz schön irre.

Eine Zeitlang erwies sich diese Methode als erfolgreich. Er schrieb viele Briefe, griff gierig nach jedem neuen Kontakt, er schrieb Gedichte und Geschichten und glaubte, in ihnen so radikal und offen sich selbst gegenüber zu sein wie noch nie zuvor in seinem Leben. Aber wieviel er auch schrieb und wie genau seine Selbstanalysen auch ausfallen mochten, die Einflüsse seiner äußeren Lebenssituation waren damit auf Dauer nicht völlig zurückzudrängen. Und damit wuchsen auch die Zweifel wieder. Irgendwann biß sich der Gedanke bei ihm fest, daß er mit dieser harten Selbstdisziplin sein Leiden nur verlängern, den Ausgang aber letztlich nicht verhindern würde. Der perfide Gedanke ließ ihn plötzlich all sein Tun als doppelbödig empfinden.

Ich stecke im Sumpf fest und versinke langsam, wenn ich strample, um mich zu wehren. Wenn ich versuche, nach etwas zu greifen, um mich herauszuziehen, versinke ich nur um so schneller.

Möglicherweise mußte das absolute Tief einfach durchlebt werden, vielleicht sollte er sich einfach mal erlauben, zu fallen und nicht ständig angestrengt versuchen, alles mit immer neuen Arten von beschäftigungstherapeutischer Ablenkung zu überspielen. Trotzdem behielt er die Tageseinteilung weiter bei und schrieb fast noch mehr Briefe als vorher. Er wurde allerdings zunehmend zynischer sich selbst gegenüber. Wie lange wird es dir gelingen, dich erfolgreich selbst zu betrügen? Wann meldest du endlich Bankrott an? Doch da war auch eine warnende Stimme: Der Gedanke an Selbstmord ist der Beginn deiner Niederlage, also streng dich gefälligst an und produziere etwas zu deiner Ablenkung, schließlich willst du doch zu den Siegern gehören.

In diesem Spiel mit sich und gegen sich selbst war er in Personalunion auch Schiedsrichter. Er studierte seinen Abwehrkampf genau, gab sich hie und da auch mal einen

Pluspunkt, blieb aber objektiv genug, um zu erkennen, daß die Zeichen auf Niederlage standen. Der Kampf gewann ständig an Komplexität, er war in der Lage, seine wechselnden Reaktionen und Stimmungen genau einzuordnen in ein graduelles System, dessen Skala von tief deprimiert bis übersteigert euphorisch reichte. Aber die Zweifel daran, ob all sein Tun überhaupt Sinn habe, mehrten sich ständig. Sicherlich, Kämpfen ist etwas Aktives, daß er noch kämpfte, bewies, daß er noch lebendig war... aber eben lebendig begraben, und daran würde er auch mit noch soviel Aktivität nichts ändern können.

Aufgeben, das war in der Konsequenz endgültig. Aber vielleicht war er auch nur zu feige, diesen Gedanken einmal ernsthaft an sich heranzulassen. Schließlich erfordert ein Selbstmord neben dem nötigen Maß an Verzweiflung auch eine gehörige Portion Mut. So begann er, die Möglichkeit des letzten Auswegs gedanklich durchzuspielen. Ihm wurde klar, daß er die Wahl hatte zwischen sehr verschiedenen Formen, seine letzte Flucht zu gestalten. Er konnte sich für die stille Art des Abgangs entscheiden, ein Abschiedsbrief, das Waschbecken mit lauwarmem Wasser gefüllt, die Rasierklinge und dann ein kaum schmerzhafter Schnitt, und hinterher würde es kaum Zweifel daran geben, warum er diesen Weg gewählt hatte. Selbstmord aufgrund einer depressiven Haftpsychose, das oder etwas Ähnliches würde dann wohl auf seinem Totenschein stehen.

Es gab aber auch die Möglichkeit, den Selbstmord als eine Art letzte Demonstration zu inszenieren. Zum Beispiel den Gerichtstermin abwarten, ein Geständnis ankündigen, dann aufstehen und sich selbst etwas Spitzes in den Bauch rammen, den Bleistift zum Beispiel. Oder sich vom Anstaltsarzt ein Schlafmittel verschreiben lassen, damit waren sie hier ja sehr großzügig, dann heimlich genügend davon sammeln und sie so zeitlich abgepaßt schlucken, daß er beispielsweise bei einer Zeugengegenüberstellung umkippen würde. Die Politbullen würden das sicher erst mal für eine Finte halten, einen Versuch, sich der drohenden Identifizierung zu entziehen. Bis sie herausfinden würden, daß er nicht simuliert, könnte er bei einer entsprechend hohen Barbituratdosis längst tot sein. Ja, das war es vielleicht, der Sieg über die verordnete und streng überwachte Ohnmacht, durch eine letzte eigenständige und selbstbestimmte Handlung, durch den eigenen Tod.

Wenn er bei seinen Gedankenspielen an dieser Stelle angekommen war, entschied er sich jedesmal für eine Vertagung des Problems. Dieser Weg stand ihm schließlich jederzeit offen. Wahrscheinlich, so sagte er sich, war die Grenze seiner Belastbarkeit noch lange nicht erreicht. Noch war die Angst vor dem Endgültigen größer als der Wille, der fortgesetzten Qual ein Ende zu machen. Wie konnte er wissen, ob sich nicht plötzlich eine Perspektive eröffnen und alle seine jetzigen Überlegungen zu einer Phase übersteigerten Selbstmitleids deklassieren würde? Nein, noch würde er nicht kapitulieren, noch nicht.

DURCH ALLE SPERREN

Meine Müdigkeit hat das Stadium erreicht, in dem sich die Sinne ein letztes Mal gegen den Schlaf aufbäumen und für Augenblicke völlige Klarheit eintritt. Ich habe geschrieben, stundenlang, habe versucht zu erklären, in Worte zu bringen, was hier mit mir geschieht. Ich habe nicht das Gefühl, daß mir das gelungen ist. Während ich den Anfang der in der Schreibmaschine steckenden Seite zum wiederholten Mal durchlese, irritiert mich plötzlich eine Bewegung am Rande meines Blickfelds. Da links oben bewegt sich was, obwohl sich nichts bewegen dürfte.

Der schwarze Punkt zieht meinen Blick zu sich hoch. Eine Spinne eilt über die senkrechte Lackfarbenwüste. Das erste nichtamtliche und unregistrierte Lebewesen, das mich in meiner Zelle besuchen kommt, ist eine Spinne. Das Tier bleibt stehen, eilt dann im rechten Winkel ein paar hastige Schritte die Wand hinauf, bleibt erneut stehen und marschiert den gleichen Weg wieder zurück. Tut mir leid, Spinne, du hast dir wirklich einen ungünstigen Ort ausgesucht; hier gibt es nicht mal Ekken, um ein Netz aufzuhängen, und auch keine Fliegen, die du darin fangen könntest. Alles ist abgerundet und mit dieser abwaschbaren Spezialfarbe angepinselt, antiseptisch und steril.

Wie bist du bloß hier reingekommen? Durchs Fenster? Nein, die zwei Lagen Fliegendraht sind zu engmaschig, sogar für eine Ritzenbezwingerin wie dich. Du könntest natürlich vom Hofgang auf dem Dach mitgeschleppt worden sein, übergewechselt auf die Kleidung eines Mitgefangenen, der sich an die Gitter des Raubtierkäfigs im achten Stock gepreßt hat, um einen Blick auf die Stadt zu werfen.

Aber das ist eher unwahrscheinlich, denn dann wäre dein Weg fürs erste in einer der Umkleidezellen zu Ende gewesen. Die Stahltüren zum Flur schließen mit ihren Gummiwülsten zur Geräuschisolierung absolut dicht, no way. Nein, du mußt den langen Weg durchs Treppenhaus allein zurückgelegt haben, mußt im richtigen Moment mit durch die Sicherheitsschleuse geschlüpft sein und dann, wahrscheinlich bei der Abendbrotausgabe, den Weg in meine Zelle gefunden haben.

Ich muß grinsen. Spinne, du bist mir vielleicht eine, ein subversives Subjekt... pardon, Insekt natürlich. Wahrscheinlich ist dir gar nicht bewußt, daß du mit deiner bloßen Anwesenheit die Behauptung der Justiz ad absurdum geführt hast, daß nichts und niemand unbemerkt in diesen Trakt gelangen könne! Weißt du, wenn ich nicht wüßte, daß Spinnen Antivegetarier sind, würde ich ja Brot und Käse mit dir teilen, aber so sehe ich keine Zukunft für uns beide. Übrigens kannst du aufhören zu suchen, so wie es da ist, wo du gerade bist, ist es überall in diesem Schließfach.

Paß auf, dafür, daß du mich besucht hast, werde ich mich revanchieren, indem ich dich hier heil wieder herausbringe. Schnell ein paar Streichhölzer aus der Schachtel genommen, die Schachtel leicht aufgeschoben und drübergestülpt und dann vorsichtig wieder zugeschoben, damit kein Spinnenbein eingequetscht wird. Tut mir leid, Kumpel, aber dieses Gefängnis läßt sich leider nicht vermeiden. Nicht daß du denkst, ich sei pervers und müsse, weil ich selbst eingesperrt bin, auch alles andere einsperren, was mir unterlegen ist. Es ist nur so, daß der Hofgang gleich morgen früh nach der Frühstücksausgabe beginnt, und wenn ich dich dann nicht auf Anhieb finde, würdest du für weitere 24 Stunden hier festsitzen. Ich werde die Schachtel morgen mit den Zigaretten zusammen mit auf den Hof nehmen. Manche Beamte gucken hinein, andere nicht, ein kleines Risiko werden wir also beide bei dieser Schmuggelaktion eingehen müssen. Aber glaub mir, es ist der einzige Weg für dich, hier vor der nächsten Lysoform-Reinigung rauszukommen.

HEISS UND KALT

Dienstags und freitags wird geduscht. Zur Zeit liegen außer mir nur zwei Gefangene im Männertrakt im siebten Stock, die ich noch nie zu Gesicht bekommen habe. Auch duschen dürfen wir nur einzeln und in so großem zeitlichem Abstand, daß die Duschräume gründlich durchsucht werden können, bevor der nächste drankommt. Da ich in einer der hinteren Zellen liege, bin ich meistens der letzte beim Duschen.

Klack, klack, die beiden Riegel an der Zellentür werden zurückgestoßen, und ein Beamter öffnet die Tür. «Herr B., Sie können jetzt duschen gehen, wenn Sie wollen.» Er sagt das jedesmal, obwohl er noch nie erlebt hat, daß ich nicht duschen gegangen bin. Ich nehme die Handtücher und die Seife und trete auf den Flur. Dort stehen noch zwei weitere Beamte, jeweils vor den Zellen, in denen die anderen Mitgefangenen untergebracht sind. Eskortiert von dem Beamten, der die Zelle aufgeschlossen hat, gehe ich zum anderen Ende des Flurs, wo sich der Duschraum befindet. Noch während ich meine Duschutensilien auf die Holzbank lege, wird die Stahltür hinter mir geschlossen und verriegelt.

Der Duschraum ist bis auf die Bank, die Hähne und die Brauseköpfe völlig kahl. Ein rundum gekachelter Würfel, an der Außenwand ein kleines rundes Gitter von vielleicht zwanzig Zentimeter Durchmesser, hinter dem ein viel zu kleiner Ventilator versucht, die Dampfschwaden nach draußen zu schaufeln. Schnell gehe ich zur Tür zurück und presse mein Ohr ans schwitzwasserfeuchte Blech. Irgendwo hinten auf dem Gang rumort es unbestimmt. Sie sind wohl mal wieder dabei, meine Zelle auseinanderzunehmen. Gut so, das verschafft mir ein bißchen Zeit.

Langsam und bemüht, nirgends anzuecken, hebe ich die Bank hoch und trage sie unter das Ventilatorgitter. Ich steige erst auf die Sitzfläche und dann vorsichtig balancierend auf die Lehne. Jetzt bin ich mit dem Gesicht etwas über dem Absperrgitter des Ventilators. Nach einer kurzen Phase optischer Irritation kann ich durch den laufenden Propeller hindurch die Mauerkrone sehen und dahinter ein kleines Stück Straße. Wie normal alles aussieht, eine Straße, ein Stück Bürgersteig, ein handtuchbreites Vorgärtchen und die untere Kante eines Häuschens, da endet das Blickfeld. Erst zweimal ist es mir bisher geglückt, gerade in dem Augenblick rauszugucken, als jemand dort unten am Häuschen vorbeiging, einmal eine Frau, das zweite Mal ein Kind.

Vor kurzem habe ich sogar von diesem Straßenstück geträumt. Im Traum lag es genau gegenüber vom Knastausgang, durch den ich mich hinausschmuggeln konnte, als wäre ich im Besitz einer Tarnkappe. Aber kaum daß ich den vertrauten Bürgersteigabschnitt betreten hatte, begannen hinter mir die Alarmglocken zu schrillen. Ich bin nicht weit gekommen, obwohl ich sofort losgerannt bin. Am Ende des Traums fiel das Pflaster auf mich zu, ich wußte, ich war von hinten erschossen worden.

Ich steige kurz von der Bank herunter und drehe eine der Duschen auf. Ich weiß aus Erfahrung, daß die Flurwache zwischendurch kommen wird, um an der Tür zu horchen. Wenn kein Wasser läuft, geht er davon aus, daß ich fertig bin. Als das Wasser rauscht, steige ich noch mal auf die Lehne der Bank... Aber heute habe ich kein Glück, niemand geht draußen vorbei.

Nachdem ich die Bank wieder auf ihren Platz zurückgebracht habe, lasse ich abwechselnd kaltes und heißes Wasser auf meine Haut prasseln. Ein Gefühl zwischen Schmerz und Lust, ich fühle mich. Die pulsierenden, nadelspitzen Wasserstrahlen grenzen meine Konturen klar von allem Drumherum ab, was da brennt ist, meine Oberfläche, die Haut, die mich zusammenhält. Das eigentliche Waschen kommt erst ganz zum Schluß, es ist nur Nebensache.

Keine fünf Minuten später sitze ich wieder in meiner Zelle. Alles ist durchwühlt, Briefe, Akten und Zeitungen liegen auf dem Boden verstreut. Heute ärgert mich das nicht so sehr wie an einem anderen Wochentag, ich habe einfach ein bißchen das Gefühl, diesen plumpen Wühlmäusen überlegen zu sein. Mein wirkliches Geheimnis haben sie auch heute wieder nicht entdeckt.

AMTSGESCHÄFTE

Beschluß

Das Schreiben des Paul Z., wohnhaft in 6000 Frankfurt 1, Nebelgasse 19, vom 21.3.1985, gerichtet an den Untersuchungsgefangenen Peter B.,

wird angehalten.

Begründung:
Das an den Angeklagten gerichtete Schreiben enthält wahrheitswidrige und justizfeindliche Behauptungen zum Teil beleidigenden Charakters, die geeignet sind, den Angeklagten in seiner ablehnenden Haltung gegenüber Justiz und Vollzug zu bestärken.

Verfügung

Vom Schreiben des Paul Z., wohnhaft in 6000 Frankfurt 1, Nebelgasse 19, datiert vom 21.3.1985, ist eine Fotokopie zu fertigen und der Bundesanwaltschaft zur Kenntnisnahme zuzuleiten.

UNTER BEOBACHTUNG

Von einem jähen Schreck elektrisiert, schieße ich hoch. Greifende Hände haben mich aus dem Schlaf geholt, das war kein Traum, denn die gleichen Hände halten mich auch jetzt noch fest. Das Zellenlicht ist aus, aber da die Zellentür aufsteht, zeichnet das Nachtlicht vom Flur her eine vage Silhouette vor mein Bett.

«Herr B., stehen Sie bitte auf und kommen Sie mit, fassen Sie nichts an, und machen Sie uns keinen Ärger, sonst müssen wir Zwang anwenden.»

Es dauert einen Augenblick, bis die Worte im Gehirn entschlüsselt werden, dann schaffe ich es. «Was ist denn los» zu fragen.

«Das werde ich Ihnen in der Umkleidezelle eröffnen, stehen Sie jetzt auf und kommen Sie mit!»

Der Ton ist eine Spur barscher geworden, ich rappele mich hoch, bei allen Bewegungen von den nun dringlicher ziehenden Händen unfreiwillig unterstützt. Als ich im Aufstehen versuche, den Griff abzuschütteln, verstärkt sich der Druck noch, es tut weh. Aber ich verkneife es mir, etwas zu sagen, und beiße die Zähne zusammen. Die Hände zerren mich zur Tür und reichen mich nach draußen weiter, wo zwei Uniformierte stehen, die mich an den Armen packen und hinüber zur Umkleidezelle schleifen.

«Los, Schlafanzug und Unterhose ausziehen!»

Kurz, böse und ohne jede Höflichkeitsfloskel, der Satz duldet weder von den Worten noch von der Betonung her Widerspruch. Mit immer noch etwas schlaftrunkenen Bewegungen nestele ich an den Knöpfen der Schlafanzugjacke. Das Ausziehen verschafft mir einen Moment Zeit, genug, um eine Frage zu formulieren.

«Wieso holen Sie mich mitten in der Nacht aus der Zelle?»

Es kommt nichts, ich spüre das Zögern des Mannes, er überlegt jetzt sicher, ob er mir überhaupt etwas sagen darf und wenn ja, wieviel.

«Wir haben telefonisch eine richterliche Anweisung erhalten, Sie in eine Beobachtungszelle zu bringen.»

Beobachtungszelle, bei diesem Stichwort wird mir kalt. Sie wollen mich nackt in einen rundum gekachelten und von einer in der Wand eingebauten Kamera überwachten leeren Raum bringen. Verdammt, ich habe nichts getan, was diese Maßnahme auch nur annähernd rechtfertigen könnte. Wieso kommt mein Haftrichter nachts auf die Idee, mich in die Beobachtungszelle bringen zu lassen? Wut steigt in mir auf.

«Sie haben mir immer noch nicht eröffnet, warum Sie dieses Affentheater mit mir veranstalten ... oder ist das ein Staatsgeheimnis?»

Ich bin mit dem Ausziehen fertig, bleibe aber am Tisch stehen, bereit, mich zu wehren. Ich will eine Antwort haben. Wieder zögert der Beamte, bevor er schließlich stokkend sagt: «Ja, also ich habe ja nur kurz mit dem Richter geredet, und wenn ich ihn richtig verstanden habe, äh, also, er hat den Verdacht geäußert, daß Sie versuchen könnten, sich dem Verfahren durch Suizid zu entziehen.»

Nun verstehe ich gar nichts mehr. Der Uniformierte scheint meinen wachsenden Widerstand zu spüren.

«Äh, also wenn ich das richtig verstanden habe, dann sollen Sie in einem Brief Selbstmordabsichten, äh, geäußert haben.»

Jetzt dämmert es mir, der Brief an Angelika, den ich vor drei Tagen geschrieben habe, als ich mal wieder auf dem Boden eines tiefen Lochs angekommen war. Aber ich habe ihr doch nur geschrieben, wie schwer es ist, in einer solchen Talfahrtphase die Selbstmordgedanken abzuwehren. Einen Augenblick will ich erklären, aber ich verwerfe den Gedanken wieder, noch ehe das erste Wort über die Lippen kommen kann. Es hat keinen Sinn, dem Uniformierten irgend etwas zu erklären. Er führt nur aus, handelt nur auf Befehl, was auch immer ich sage, wird daran nichts ändern. Wie zum Trost sagt er zu mir:

«Es sind ja nur noch fünf Stunden, dann kommt der Vollzugsleiter, und Sie können versuchen, die Geschichte zu klären.»

Sie bringen mich zu viert aus dem Trakt heraus zum Fahrstuhl. Ich bin nackt, und ich fühle mich nackt, dieser Geleitzug durchs ganze Haus in den Keller hinunter, wo die Beruhigungszellen liegen, ist einfach erniedrigend. Erst als die mit einer Schallisolierung verkleidete Stahltür ins Schloß fällt, wird mir wirklich bewußt, daß ich jetzt für Stunden hier sitzen muß, fortwährend beobachtet von der eingebauten Kamera. Demonstrativ setze ich mich mit dem Rücken zur Optik. Was mein Gesicht vielleicht über das verrät, was in mir vorgeht, geht sie nichts an.

KLEINKRIEG

Ein Großteil der Zerrüttung durch die Inhaftierung in einem Hochsicherheitstrakt beruht auf psychologischen Tricks. Die «politisch motivierten Kriminellen», die überwiegend die Trakte bevölkern, sollen in einer Situation der permanenten Unsicherheit gehalten werden. Durchsuchungen außer der Reihe, unregelmäßiges Verlegen von einer Zelle in eine andere, die Beschlagnahmung von Unterlagen, Briefen und Notizen gehören ebenso zum Repertoire wie der Abbruch von Besuchen aus nichtigem Anlaß oder das Verweigern der Annahme eines Wäschepakets, weil keine richterliche Genehmigung für seinen Empfang vorgelegen habe. Daß bis zu diesem Zeitpunkt eine solche richterliche Genehmigung nicht nötig war, ist dem Beamten, der die Entscheidung getroffen hat, angeblich völlig unbekannt.

Der Gefangene darf sich keiner Sache sicher sein, weder des regelmäßigen Bezugs seiner Zeitung noch der Briefe seiner Freundin, nicht einmal des Besitzes seiner Verteidigungsunterlagen. Der Gefangene soll sich immer wieder als abhängig erfahren, als Objekt, angewiesen auf das Wohlwollen eines für ihn nicht überschaubaren anonymen Apparats, der ihn nur mit Ausführenden konfrontiert. Er wird gezwungen, für alles Anträge zu stellen, damit ihm seine Abhängigkeit immer wieder vor Augen geführt werden kann. Antrag auf Arztbesuch, Antrag, um die Annahme eines Bücherpakets genehmigt zu bekommen, Antrag auf den Erwerb einer Nagelschere, Antrag, das Essen an Prozeßtagen aufgehoben zu bekommen, Antrag, drei Paar Socken pro Woche mehr ausgehändigt zu bekommen, da man Schweißfüße hat. Jeder auch noch so geringfügige Antrag muß detailliert begründet werden, sonst wird er mit der Floskel, daß die Dringlichkeit des Anliegens nicht belegt worden sei, erst einmal abgelehnt.

Abgesehen von diesen eher harmlosen Manipulationen, gibt es allerdings auch groberes Geschütz. Plötzlich angeordnete halbstündige Kontrollen in der Nacht, bei denen die Zellenbeleuchtung von draußen angeschaltet wird und der Beamte so lange gegen die Tür tritt, bis man ein Lebenszeichen von sich gibt. Kurzfristig angeordnete Verlegungen in andere Anstalten, oft genug kurz vor einem Termin, zu dem sich der Anwalt angesagt hat. Überfallartige Kontrollen bis in den Genitalbereich ohne dafür ersichtlichen Anlaß. Das Absetzen von Besuchen, ohne den Gefangenen über die Gründe zu verständigen. Das Spektrum ist so umfangreich, daß die Regisseure im Hintergrund, die BKA-Psychologen und die Destabilisierungsspezialisten, kein Mittel aus ihrer Trickkiste so häufig anwenden müssen, daß es sich abnutzen würde und man sich darauf einstellen könnte.

Die Beschwerdemöglichkeiten des Inhaftierten gegen diese fortwährenden Schikanen sind fast gleich Null. Er kann sich bei seinem Haftrichter beschweren, wenn er noch Untersuchungsgefangener ist, und als Strafgefangener kann er eine Strafvollstreckungskammer anrufen. Die Anzahl der Fälle, in denen er Recht bekommt und eine von der Anstaltsleitung verhängte Maßnahme – wohlgemerkt im nachhinein – für unzulässig erklärt wird, dürfte im Verhältnis bei 1 zu 99 liegen. Er muß seine Beschwerden meistens selbst formulieren, weil sein Anwalt kaum die Zeit hat, sich neben dem eigentlichen Strafverfahren auch noch um den ständigen Kleinkrieg mit den Verwesern der toten Trakte zu kümmern. Die Ablehnungen bekommt er dann postwendend in Form einer zur Serienreife entwickelten Floskel.

Daß alle diese Dinge wirklich nicht aus Zufall passieren, erfährt der Gefangene spätestens dann, wenn in einer Phase der Resignation und / oder Depression plötzlich die Herren vom BKA auftauchen. Nur reden wollen sie mit einem, es sei ihnen ja durch die Besuchsüberwachung nicht entgangen, daß sich der Betroffene zur Zeit in einer schwierigen Phase befinde. Das sei einem ja schließlich nicht gleichgültig, wo man doch sowieso den Eindruck habe, daß es sich bei ihm ja um einen eher moderaten Menschen handele. Und ob sich denn der Gefangene schon mal Gedanken über seine Zukunft gemacht habe, wo er doch so eine nette Freundin hat, die nun unschuldig mitleiden müsse. Vielleicht könne er sich ja doch noch einmal überlegen, ob er nicht mit den Ermittlungsbehörden zusammenarbeiten wolle. Namen müsse er selbstverständlich keine nennen, daß er nicht zum Verräter werden wolle, dafür habe man natürlich volles Verständnis.

ZWISCHEN TAG UND NACHT

Etappenschlaf, Endstadium der Zerstörung eines normalen Tag-Nacht-Rhythmus. Normalerweise gelten als Maßstab für den eigenen Rhythmus zum einen das Tageslicht, zum zweiten die Arbeitszeit und das soziale Verhalten der Umgebung und zum dritten die Erfahrung, zu welcher

Zeit das eigene Leistungsoptimum erreicht ist. Um deinen Rhythmus zu zerstören, werden all diese Konstanten völlig aus dem Lot gebracht.

In der ersten Phase bleibt Tag und Nacht das Neonlicht in der Zelle an. Begründet wird das damit, daß du neu seist und versteckte suizidale Neigungen haben könntest. Ja, der Anstaltsarzt, von dem du dir Hilfe erwartet hattest, um die schlafstörende nächtliche Überwachung abzustellen, erklärt dir allen Ernstes, daß diese Prozedur zu deinem Schutz sei. Er habe schon öfter erlebt, daß Erstinhaftierte nachts plötzlich durchdrehen und sich aufhängen oder sich die Pulsadern aufschneiden. Anfänglich unmerklich verschiebt sich deine Einschlafzeit immer weiter in die Nacht hinein, die jetzt optisch oft heller ist als der Tag.

Der zweite Schritt dient dem Erzeugen von Unsicherheit. Nach einigen Nächten Dauerbeleuchtung wird plötzlich um zwei Uhr morgens die Tür entriegelt und aufgeschlossen. Schon beim ersten Schaben der zurückgezogenen Riegel bist du aus dem Halbschlaf hochgeschossen. Aber die Tür geht nicht auf; ohne Erklärung und ohne daß du auch nur siehst, wer draußen steht, wird wieder verriegelt und abgeschlossen. Als du am nächsten Tag gegen die Störung protestierst, wird dir gesagt, es sei ein Versehen gewesen. Zwei Nächte später wird nach Mitternacht die Klappe in der Tür aufgerissen. Ein Wächter ruft deinen Namen, obwohl du wach und für ihn sichtbar auf der Pritsche sitzt. Statt mit dem Namen antwortest du mit der Frage, was das soll. Der Wächter grinst und sagt, daß er den Eindruck gehabt habe, dir ginge es nicht gut. Nachdem sich solche Vorfälle einige Male in den folgenden Nächten wiederholen, schreckst du schon bei irgendwelchen Geräuschen auf dem Flur hoch, gebannt darauf wartend, daß irgendwas passiert.

In der dritten Phase dann werden auch deine täglichen Gewohnheiten gründlich durcheinandergebracht. Damit wird verhindert, daß du tagsüber das an Schlaf nachholst, was dir nachts entgangen ist. Die Zeiten des Einzelhofgangs, der bisher immer nachmittags stattfand, wechseln plötzlich. Auch die Arztvorführungen, bis dahin nie vormittags, finden nun am frühen Morgen statt. Immer dann, wenn du dich so weit entspannt hast, daß du – und sei's auch nur für eine Stunde – einschlafen könntest, scheint etwas zufällig zu passieren, was den Schlaf verhindert oder unterbricht. Du lebst in ständiger angespannter Erwartung, in einer Art Trance, nicht Schlaf, aber auch kein Wachzustand. Lang ist das nicht auszuhalten, immer öfter nickst du zwischendurch einfach weg, beim Schreiben oder Lesen, aber auch beim Warten auf den Anwalt in der Trennscheibenzelle.

Zufall oder Absicht? Planen sie das alles bewußt, oder schlägt Paranoia bei mir durch? Und wenn sie es nicht bewußt planen, wieso reagieren sie dann überhaupt auf meine Beschwerden?

Meine Anwälte haben eine Beschwerde an den zuständigen Haftrichter geschickt und die Schikanen detailliert beschrieben. Der Haftrichter hat nach vierzehntägigem Überlegen die Anstalt zur Stellungnahme aufgefordert. Die wiederum hat sich auch vierzehn Tage Zeit genommen, bevor sie in einer «Gegendarstellung» behauptet, daß ich die Haftbedingungen bewußt falsch dargestellt hätte. Sie sind so zynisch, sogar Verständnis für mich aufzubringen. Zu Beginn der Haft sei es eben oft so, daß sich erstmals Inhaftierte nicht an die «Regelmäßigkeit des vollzuglichen Ablaufs» gewöhnen könnten, aber das würde sich erfahrungsgemäß nach einiger Zeit geben. Als mir mein Anwalt das Schreiben an die Trennscheibe hält, kommen mir die Tränen. Ich heule, halb vor Wut, halb vor Verzweiflung.

So plötzlich und ohne Vorankündigung, wie das Ganze begann, hört es auch wieder auf. Eines Tages überrascht dich der Arzt mit der Erkenntnis, daß du wohl doch nicht suizidgefährdet seist und ab sofort das Licht abends um zehn ausgemacht würde. Du freust dich nicht über diese Eröffnung, du kannst sie nicht als Sieg empfinden, denn du ahnst bereits, daß der Wegfall der nächtlichen Flutlichtbestrahlung dir jetzt keine Erleichterung mehr bringen wird. Und so ist es auch, jetzt liegst du in der völligen Dunkelheit wach, lauschst angestrengt jedem Knistern nach und wartest auf die Dämmerung. Du kannst höchstens zwei oder drei Stunden am Stück schlafen, dann wachst du durchgeschwitzt aus einem Verfolgungsalptraum auf. In diesen kurzen Traumsequenzen spielt sich immer das gleiche ab: Du willst ausbrechen, glaubst, eine Möglichkeit gefunden zu haben, wirst aber entdeckt oder tappst in eine Falle. Am Ende wirst du bestenfalls überwältigt, meist jedoch erschossen.

VERLEGUNG

Du bist erst seit einigen Tagen verhaftet. Die ersten Tage in der Haft und im Trakt waren kaum zu ertragen, Selbstmordgedanken und groteske Fluchtphantasien haben dich zermürbt und dir alle Kraft geraubt. Gerade als du dich langsam auf deine neue Realität einzustellen beginnst, heißt es eines Morgens plötzlich, daß du auf Anweisung des Ermittlungsrichters am Bundesgerichtshof aus Sicherheitsgründen verlegt wirst.

Panik ergreift dich, sofort ist dieses Gefühl wieder da, völlig ausgeliefert zu sein. Außer zwei Gesprächen mit einem dir noch unbekannten Rechtsanwalt hattest du inzwischen keinerlei Kontaktmöglichkeiten, weder im Gefängnis noch zu Freunden und Verwandten draußen. Du willst den Grund für die überraschende Verlegung wissen, aber weder die Gefängnisbeamten noch die Transportbegleiter vom BKA und vom Bundesgrenzschutz geben dir Auskunft. Auch den Zielort deiner Verlegung erfährst du nicht.

Mit einem Aufgebot von mehreren Polizeifahrzeugen wirst du mit Hand- und Fußfesseln versehen zu einem Sportplatz transportiert, der weitläufig von mit Maschinenpistolen bewaffneten Bereitschaftspolizisten abgesperrt ist. Ein Hubschrauber wartet. So schweigend, wie dich die finster dreinblickenden BKAler aus der Zelle geholt haben, ohne sich auch nur die Zeit zu lassen, deine paar Habseligkeiten zusammenzupacken, so schweigend zerren sie dich jetzt aus dem Wagen und zum Hubschrauber.

Eine irre Angst steigt in dir auf: Auf der Flucht erschossen, bei einem Unfall ums Leben gekommen, Selbstmord des Gefangenen X. Du siehst die Schlagzeilen förmlich vor dir, ein lähmendes Gefühl läßt deine Bewegungen marionettenhaft werden. Was haben sie wirklich mit dir vor, wo bringen sie dich hin?

Erst ein paar Verlegungen später wird dir klar werden, daß all das, was sich jetzt in dir abspielt, von einer dramaturgisch ausgeklügelten Regieführung vorher so geplant war. Du sollst innerlich nicht zur Ruhe kommen, du sollst in Todesangst geraten, und dir soll brutal bewußt gemacht werden, daß du die Selbstbestimmung über deine Person verloren hast. Doch die Verlegung bezweckt noch mehr: Deine Genossen draußen sollen nie sicher wissen, wo du dich gerade befindest, deinem Anwalt soll es erschwert werden, dich zu stabilisieren und mit dir gemeinsam deine Verteidigung vorzubereiten, und deine Panik und Instabilität sollen zu Verhörversuchen ausgenutzt werden.

Nach der Verbringung in ein neues unbekanntes Gefängnis verschwinden denn auch die finsteren BKA-Begleiter. Dafür tauchen ein paar junge alerte Staatsschutzbeamte auf, die dir Zigaretten, Kaffee und ein gänzlich unverbindliches Gespräch anbieten. Kein Verhör natürlich, nur eine rein informative Unterhaltung, um zum Beispiel zu klären, ob sie deine Eltern, deine Freundin oder deinen Anwalt von deiner Verlegung verständigen sollen. Ihre scheinheiligen Angebote auszuschlagen kostet dich das letzte bißchen Kraft.

Die erste Nacht im neuen Gefängnis ist ein einziger Horrorfilm, du liegst hellwach da, jedes Geräusch vor der Zelle läßt dich auffahren und neue Schreckensvorstellungen wachsen. Erst am nächsten Morgen hörst du, in welchen Knast sie dich verlegt haben. Wie zufällig kriegst du auch mit, daß dein Aufenthalt hier nur Zwischenstation sein soll. Wohin die Reise endgültig geht, erfährst du nicht.

Was dir als Zufall erschien, war Absicht. Die Anspannung und die Unsicherheit, nicht zu wissen, warum du wann wohin gebracht wirst, sollen verlängert und gesteigert werden. Gerade als du dich nach drei Tagen Aufenthalt zu fragen beginnst, ob dies nicht doch die Endstation sein soll, kommt die nächste Verschubung, wie der Gefangenentransport in der Sprache der Gefängnisbürokraten genannt wird.

Insgesamt bin ich in den ersten drei Monaten meiner Inhaftierung sechsmal verlegt worden. Ich habe dabei eine Strecke von annähernd dreitausend Kilometern per Hubschrauber kreuz und quer durch die Bundesrepublik zurückgelegt. Viermal wurden unmittelbar nach Verlegungen Vernehmungsversuche gestartet, wobei die Anfangsmasche, mir ja nur helfen zu wollen, bald der Drohung wich, daß sich meine gesamte zukünftige Haft so gestalten würde, sollte ich nicht bereit sein, Aussagen zu machen. Zweimal ist es meinem Anwalt gelungen, mich während dieser Odyssee zu sprechen. Diese Gespräche waren der einzige Gegenpol zur ansonsten totalen Isolation. Auch Post erreichte mich in dieser Zeit keine, sie wanderte mit Verzögerung von einem Knast zum anderen hinter mir her und kam seltsamerweise immer einen Tag nach meiner erneuten Verlegung im vorigen Gefängnis an. Am Ende dieser drei Monate war ich wieder am Ausgangspunkt, die Verhörspezialisten schienen aufgegeben zu haben... zumindestens mit dieser Methode.

BESUCH

Was Besuch für einen im Hochsicherheitstrakt Inhaftierten bedeutet, ist mit Worten kaum zu fassen. Besuch, das Wort beinhaltet Freiwilligkeit, eine Freiwilligkeit, die unter Knastbedingungen so viele Einschränkungen erfährt, daß man den Wortteil «frei» streichen müßte. Den Ort, die Umstände, die Länge eines Besuches, die Themen, die besprochen werden dürfen, und die Art der Überwachung, das alles bestimmen andere. Dem besuchten Gefangenen und seinen Besuchern bleibt gar nichts anderes übrig, als sich diesen Bedingungen zu beugen, sonst findet der Besuch nicht statt, oder er wird abgebrochen. Trotzdem, Besuch ist der einzig verbliebene dünne Draht nach draußen, staatsschutzkontrolliert zwar, aber überlebenswichtig.

Besuch, das ist die Chance, berührt zu werden, zu erfahren, daß man noch einen Körper hat, die Möglichkeit, auf Dinge, die man sagt, eine unmittelbare Reaktion zu erfahren, einen anderen Menschen zu fühlen, zu hören und zu sehen. Zweifel, vielleicht ein Lachen, Blicke, Unausgesprochenes, Fragen, Hilflosigkeit, alles, was in Briefen nur eingeschränkt übermittelt werden kann, ist beim Besuch direkt zu spüren.

Ein Besuch beginnt nicht erst am Abend oder am Tag vor dem von der Anstalt bestimmten Termin. Schon Tage vorher hat er im Kopf des Gefangenen Gestalt angenommen, wurde gedanklich tausendmal durchgespielt, in immer neuen Variationen, je nach der momentanen Stimmung. Diese Gedankenspiele beinhalten aber auch Gefahr. Sehr schnell kann der Besuch mit Erwartungen und bis dahin verdrängten Bedürfnissen so überladen werden, daß der von draußen kommende Besucher kaum anders kann, als die übersteigerten Wünsche des Inhaftierten zu frustrieren.

Auch das ist der Besuch: Alle möglichen Ängste, verborgen unter einer dünnen Schicht an Vorfreude, ein viel zu enges Ventil für alles Unausgelebte, die Furcht, den Erwartungen des oder der Besuchenden nicht entsprechen zu können. Im Hochsicherheitstrakt Inhaftierte erleben sich nicht mehr im Zusammensein mit anderen, ihnen ist oft der Beurteilungsmaßstab dafür abhanden gekommen, wie weit sie sich verändert haben.

Besonders schwierig sind solche Besuche, bei denen ein Gefangener jemandem, den er bisher nur brieflich kennengelernt hat, zum erstenmal in Person gegenübertritt. Da waren vorher nur schriftliche Versuche mitzuteilen, wie man lebt, wie man sich fühlt, worauf man hofft, wie man verarbeitet hat, was geschehen ist. Es ist ein Bild entstanden, beim Briefpartner draußen über den Gefangenen und umgekehrt, ein vages, umrißhaftes Bild, voller Erwartungen und Vorurteile, das nun zur Überprüfung ansteht, das in der einen viel zu kurzen Stunde bestätigt werden wird oder verworfen werden muß. Die Prüfungssituation belastet den Besuch zusätzlich, würgt unter Umständen alles Spontane ab.

Der Staatsschutz weiß um diese Unsicherheiten. Schon die geschickt plazierte Frage an den von draußen Kommenden, wie lange er oder sie denn den Inhaftierten schon kennen würde, erhöht das Lampenfieber. Natürlich weiß der Staatsschützer genau, seit wann Besuchter und Besucher Briefkontakt zueinander haben, er kennt sogar den Inhalt ihrer Korrespondenz. Das versetzt ihn in die Lage, mit scheinbar harmlosen Fragen die Spannung hochzutreiben und so womöglich den Besuch zu torpedieren.

EINE STUNDE OHNE TRENNSCHEIBE

von Sabine Tengeler

Ab 12.30 Uhr werden die Besucher an der Pforte in das Gefängnis Stammheim hereingelassen. Auf die Sekunde pünktlich beginnt der Pfortenbeamte hinter der Panzerglasscheibe, die Ausweise der schon länger in der Kälte wartenden Besucher entgegenzunehmen. Er schaut nur kurz darauf, ebenso auf die beigefügten Besuchsgenehmigungen für die Untersuchungsgefangenen. Dann muß Mensch vor dem elektrisch verriegelten Gittertor warten, bis der Summer ertönt, und im richtigen Moment kräftig genug dagegendrücken. Man geht hinüber zu einem holzverkleideten Bau direkt an der Betonmauer, hinter der die eigentliche Anstalt liegt. Die Tür zu diesem Haus kann Mensch mit einer Klinke selber öffnen. In einer verglasten Kabine wieder ein Beamter, der die Ausweise entgegennimmt. Sie werden aufgeschlagen in eine Klarsichthülle geschoben, die Besuchererlaubnis dazu in das dafür vorgesehene Fach. Für meinen Ausweis erhalte ich eine graue Pappkarte mit einer Nummer, ebenfalls in einer Klarsichthülle. Mein Ausweis wird an der Seite der Kabine zum Durchsuchungsbeamten durchgesteckt. Ich muß jetzt warten, bis meine Nummer aufgerufen wird. Im Warteraum stehen Holzstühle und -tische, Kantinenatmosphäre.

Mein Besuch ist mit dem Staatsschutzbeamten, der ihn zusätzlich zu einem Anstaltsbediensteten überwachen soll, für 13.00 Uhr abgesprochen. Dieser Termin ist für mich nicht einzuhalten, obwohl ich die Anstalt um 12.30 Uhr als zweite Besucherin betreten habe. Vor mir kam eine türkische Familie mit zwei kleinen Kindern. Sie haben ein großes Paket dabei. Eine Klappe in der Wand wird hochgeschoben, das Paket wird von den Türken in die Durchreiche geschoben.

«Weihnachten ist längst vorbei», stellt der Beamte fest, von dem nur der Kopf zu sehen ist, «...oder hat er vielleicht Geburtstag?»

Es wird herumtelefoniert, ob der betroffene türkische Gefangene nun das Paket bekommen darf oder nicht. Schließlich, nach zig Telefonaten, wird die Annahme genehmigt. Das Paket wird gleich an Ort und Stelle geöffnet und durchsucht. Alles, was nach Ansicht des Beamten «nicht originalverpackt» ist, wird aussortiert, ebenso die Dinge, die «überhaupt nicht zugelassen» sind. Der Beamte empfiehlt schließlich angesichts des gewachsenen Berges zurückgewiesener Dinge und des geschrumpften Paketinhalts, ein neues Paket zusammenzustellen und beim nächsten Besuch mitzubringen. Die türkische Familie bekommt ein hektographiertes Schreiben mit, in dem aufgeführt wird, was erlaubt und was verboten ist.

Kaum ist diese Hürde genommen, taucht das nächste Problem auf. Ohne Dolmetscher dürfen die türkischen Besucher nicht in ihrer Muttersprache mit dem inhaftierten Angehörigen reden. Der Familienvater protestiert und sagt, daß er schon drei Besuche ohne Dolmetscher gemacht habe. Aber es nützt nichts, er wird zurückgewiesen. Man drückt ihm einen Zettel mit der Telefonnummer eines zugelassenen Dolmetschers in die Hand. Er verläßt das Gefängnis wieder, um von draußen den Dolmetscher anzurufen. Die Frau mit den beiden kleinen Kindern möchte im geheizten Warteraum auf ihn warten, denn draußen ist es bitter kalt. Aber auch hier bleiben die Beamten unerbittlich, die ganze Familie wird nach kurzem lautstarkem

Disput hinausgedrängt. Der Beamte, der die Ausweise entgegennimmt, fragt nun jeden etwas dunkelhaarigeren Besucher, ob er Deutsch spreche.

Als sich die Aufregung gelegt hat, wird meine Nummer aufgerufen. Ich gehe zum Durchsuchungstresen, wo ich aufgefordert werde, meine Taschen zu leeren und den Inhalt abzugeben. Von dem Geld, das ich auf den Tresen lege, nimmt der Beamte 16 DM und stellt dafür Tabak, Obst, Schokolade und eine Dose Cola in einer Klarsichttüte verpackt bereit. Meine Uhr, meine Brieftasche, mein Haustürschlüssel und ein Kugelschreiber werden eingesammelt und in ein Fach eingeschlossen. Den Schlüssel gibt man mir, dann darf ich hinter den Tresen kommen.

Ich muß durch ein Durchleuchtungstor, in dem kontrolliert wird, ob ich noch irgend etwas Metallisches bei mir habe. Dahinter warten zwei Beamtinnen, die mit mir in eine der Durchsuchungskabinen gehen. Dort muß ich mich ausziehen. Meine Kleidung, insbesondere die Nähte, werden von den Beamtinnen gründlich und langsam abgetastet. Nachdem ich mich wieder angezogen habe, werde ich – aller guten Dinge sind drei – nochmals mit einer Metallsonde abgesucht. Der Reißverschluß meiner Hose erzeugt einen hellen Pfeifton. Ich muß die Hose, die ich gerade wieder angezogen habe, noch mal öffnen. Erst nachdem sich eine der Beamtinnen durch einen Griff in meinen Schritt davon überzeugt hat, daß sich hinter dem Reißverschluß nichts Verbotenes befindet, darf ich die Hose wieder schließen. Die Prozedur ist entwürdigend, ich fühle mich erniedrigt, verletzt, entmenschlicht, bemühe mich aber krampfhaft, mir nichts anmerken zu lassen.

Nach diesem Akt werde ich aus der Durchsuchungskabine geführt und betrete einen langen Gang mit vielen Türen auf beiden Seiten. Einige der Türen stehen auf, und im Vorbeigehen kann ich hineinsehen. Dahinter liegen uniforme kleine Räume, alle ausgestattet mit breiten Tischen, über die man gerade hinüberreichen kann. An den Längsseiten stehen jeweils ein oder zwei Stühle, am Kopfende steht ein bequemerer Bürosessel, auf dem wahrscheinlich der überwachende Beamte sitzen wird.

Ich werde in einen der Räume geführt. Dort warten bereits zwei Personen auf mich, ein Staatsschützer in Zivil und ein uniformierter Anstaltsbediensteter. Der Staatsschutzbeamte kommt mit ausgestreckter Hand auf mich zu, sagt, daß er soundso heiße und den Besuch zu überwachen habe. Er müsse mich darauf aufmerksam machen, daß er den Besuch sofort abbrechen müsse, wenn ich mit dem Gefangenen über seinen Prozeß oder eine der Taten spreche, deren er beschuldigt wird. Ich habe den Händedruck automatisch erwidert und mich doch im gleichen Moment darüber geärgert, daß ich mir diese vertrauliche Geste habe aufdrängen lassen. Zu seinem Vortrag sage ich gar nichts, ich lasse ihn einfach stehen und setze mich auf einen der Stühle.

Es dauert eine ganze Weile, bis die Tür auf der gegenüberliegenden Seite des Raums aufgeht. Zwei uniformierte Justizbeamte bringen Charly, den ich besuchen will. Er hat Handschellen an, die ihm erst in der Tür abgenommen werden. Ich nehme Charly in den Arm und drücke ihn kräftig. Mitten in die Umarmung hinein sagt einer der Beamten, daß es nun aber genug sei und wir uns setzen sollen. Am Tisch müssen wir uns gegenübersitzen. Die beiden Tischseiten sind unter der Platte durch eine durchgehende Spanplatte getrennt, damit man sich nichts unter dem Tisch zustecken kann.

Als wir beginnen wollen, miteinander zu reden, wird Charly gleich vom Anstaltsbeamten unterbrochen. «Bitte trinken Sie die Cola sofort, Herr Boock, die dürfen Sie nicht mit ins Haus nehmen!» Verärgert sagt Charly, daß er das wisse, und wendet sich wieder mir zu. Es fällt uns beiden schwer, die Anwesenheit der Beamten zu ignorieren und unbefangen miteinander zu sprechen. Charly erzählt, daß er sich vor dem Besuch nackt aus- und umziehen mußte und daß sich dieses Ritual nach dem Besuch wiederholen wird. Ausgerechnet beim Besuch muß er die entpersönlichende Anstaltskluft tragen, die Hose viel zu weit, das Hemd knopflos und die Jacke mit zu kurzen Armen.

Unser Gespräch ist ein vorsichtiges wechselseitiges Abtasten, wir versuchen herauszufinden, worüber wir uns bei diesen Bedingungen überhaupt unterhalten können. Das Gespräch wird begleitet vom hörbaren Schaben eines Bleistifts auf einem Schreibblock. Der Staatsschutzbeamte schreibt in Kurzschrift alles mit, was wir sagen. Abgesehen von diesem jede Spontaneität erstickenden Geräusch überlege ich bei jedem Satz, ob er vielleicht etwas enthält, was für Charly schwer zu verkraften sein könnte. Wieviel Gefühl mag für ihn in dieser Betonkammer zu verkraften sein? Es ist schwer, nicht aneinander vorbeizureden. In einer Stunde können viele der Voraussetzungen, die ein täglicher Umgang miteinander selbstverständlich werden läßt, nicht eingeholt werden. Oft braucht Charly eine ganze Weile, um nach einem scharfen Geräusch von draußen, wo Türen knallen und Schlüssel rasseln, überhaupt weiterreden zu können. Immer wieder zuckt er zusammen, verliert den Faden, wirkt irritiert.

Plötzlich und mitten hinein in einen Satz von ihm sagt der Anstaltsbedienstete, daß die Besuchszeit zu Ende sei und wir uns verabschieden müßten. Ich umarme Charly so lang, bis die ungeduldigen Beamten uns trennen. Schon in der Tür, drehe ich mich noch mal um und sehe Charly an, der gerade in der gegenüberliegenden Tür die Handschellen wieder angelegt bekommt. Gleich wird er wieder allein in der schallisolierten Zelle sitzen ... Nur nicht daran denken, an nichts denken, bis ich wieder draußen bin. Ich bemühe mich zu lächeln, weiß aber, daß meine Bemühungen ziemlich verkrampft ausfallen. Auf dem Gang zurück zur Umkleidekabine wird mir schlecht. Erst jetzt wird mir klar, wie sehr ich mich zusammengenommen habe in dieser Stunde, wieviel Kraft es gekostet hat, allen Umständen zum Trotz so etwas wie ein Gespräch zustande zu bringen.

Das Auslaßprozedere geht an mir vorbei. Abwesend tausche ich die graue numerierte Karte wieder gegen meine Papiere, stecke meine weggeschlossenen Habseligkeiten zurück in die Taschen. In meinem Ausweis liegt ein Zettel, auf dem ein großes TE gedruckt ist. TE wie Terrorist, ich knülle den Zettel zusammen und werfe ihn auf dem Weg zum Ausgang weg. Wie «normal», wie banal das alles scheint, Routine, so selbstverständlich wie ein Einkauf im Supermarkt.

Schließlich stehe ich vor der letzten Drehtür. Ich komme mir dumm vor, als ich energisch drücke, aber der Türflügel sich keinen Millimeter bewegt. Erst als der Summer vom Beamten im schußsicheren Panzerglaskasten gedrückt wird, kann ich das Gefängnis verlassen.

Ich fühle mich wie versteinert und lasse die an der Endhaltestelle stehende Straßenbahn abfahren. Mich jetzt mitten zwischen unbeteiligt schwätzende Menschen zu setzen, das könnte ich nicht ertragen. Langsam laufe ich zu Fuß in Richtung Stadt. Am liebsten würde ich jetzt im Wald spazierengehen, um die Eindrücke dieser Stunde zu verarbeiten. Aber um mich ist Stadt, Feierabendverkehr,

Einkaufsorgie, kein Platz für ruhiges Nachdenken. Die kalte künstliche Buntlichtreklamewelt ist so bedrückend wie das Gefängnishochhaus in meinem Nacken. Wie mag sich das für Charly anfühlen, der noch nicht weiß, ob er dort noch Monate oder gar Jahre wird verbringen müssen? Was ist da eine Stunde Besuch?

IM RAUBTIERKÄFIG

Einen Regenschauer wünschst du dir, einen, der dich bis auf die Haut durchnäßt. Eisig sollte er sein und sich wie tausend Nadelspitzen in die Haut bohren. Und Wind müßte wehen, ungebändigte Gewalt, die die Kälte bis in die Knochen treibt, bis die Bewegungen eckig werden und sich der Atem beschleunigt. Du willst das alles körperlich spüren, bis an die Schmerzgrenze und darüber hinaus. Du möchtest Regen, Wind, Schnee und Sonne erfahren, all das, was nicht portionsweise zugeteilt oder zur Erpressung von Anpassung benutzt werden kann.

Die Strategen der Entpersönlichung scheinen um diese heimlichen Wünsche zu wissen, denn sie haben den Hofgang für die Bewohner des Hochsicherheitstraktes in einen überdachten Käfig aufs Dach verlegt, wo die Elemente keinen Zugang haben. Dort herrscht immer Zwielicht, selbst wenn «draußen» die Sonne grelles Licht verströmt.

Wenn du dort oben im Kreis gehst, hast du manchmal das bizarre Gefühl, einen dicken Schuppenpanzer statt Haut zu tragen, so dick, daß das Atmen schwerfällt und die Last die Schultern herunterdrückt. Du stellst dir vor, wie du die Hornschicht mit einer Rasierklinge Schicht um Schicht abschälst, bis du auf blutendes Fleisch triffst. Schmerz, etwas fühlen, Hauptsache, irgend etwas fühlen, welche Verheißung!

Beginnt so der Wahnsinn? Na und, warum nicht? Der Wahnsinn macht wenigstens immun gegen den Fraß an der Seele, gegen das tägliche Abbröckeln eines weiteren Stückchens Individualität. Wenn ich könnte, würde ich schreiend und nackt durch den Regen laufen. Ja, schreien, bis mir die Stimme wegbleibt, laufen, bis die Füße wegknicken. Aber auch hier oben unter dem Betonhimmel ist die Welt nach fünfundzwanzig Metern in der Länge und fünfzehn Metern in der Breite zu Ende. Also läuft das Raubtier den immer gleichen Weg an den Gittern entlang, hin und her, wie um sich selbst in Trance zu versetzen. Ausweglos.

BRIEFE AUS DEM TOTEN TRAKT

von Ulrike Meinhof

Aus der Zeit 16.6.1972–9.2.1973:

«Das gefühl, es explodiert einem der kopf (das gefühl, die schädeldecke müßte eigentlich zerreißen, abplatzen) –

das gefühl, es würde einem das rückenmark ins gehirn gepreßt –

das gefühl, das gehirn schrumpelt einem allmählich zusammen wie backobst z. b. –

das gefühl, man stünde ununterbrochen, unmerklich, unter strom, man würde ferngesteuert –

das gefühl, die assoziationen würden einem weggehackt –

das gefühl, man pißte sich die seele aus dem leib, als wenn man das wasser nicht halten kann –

das gefühl, die zelle fährt. man wacht auf, macht die augen auf: die zelle fährt; nachmittags, wenn die sonne reinscheint, bleibt sie plötzlich stehen. man kann das gefühl des fahrens nicht absetzen.

man kann nicht klären, ob man vor kälte oder vor fieber zittert –

man kann nicht klären, warum man zittert – man friert.

um in normaler lautstärke zu sprechen, anstrengungen, wie für lautes sprechen, fast brüllen –

das gefühl, man verstummt –

man kann die bedeutung der worte nicht mehr identifizieren, nur noch raten –

der gebrauch von zischlauten – s, ß, tz, sch – ist absolut unerträglich –

wärter, besuch, hof erscheint einem aus zelluloid –

kopfschmerzen –

flashs –

satzbau, grammatik, syntax – nicht mehr zu kontrollieren.

beim schreiben: zwei zeilen – man kann am ende der zweiten zeile den anfang der ersten nicht behalten –

das gefühl, innerlich auszubrennen –

das gefühl, wenn man sagen würde, was los ist, wenn man rausgelassen würde, das wäre, wie dem anderen kochendes wasser ins gesicht zu schütten, wie z. b. kochendes trinkwasser, das einen lebenslänglich verbrüht, entstellt –

rasende aggressivität, für die es kein ventil gibt. das ist das schlimmste. klares bewußtsein, daß man keine überlebenschance hat; völliges scheitern, das zu vermitteln;

besuche hinterlassen nichts. eine halbe stunde danach kann man nur noch mechanisch rekonstruieren, ob der besuch heute oder vorige woche war –

einmal in der woche baden dagegen bedeutet: einen moment auftauen, erholen – hält auch für ein paar stunden an –

das gefühl, zeit und raum sind ineinander verschachtelt –

das gefühl, sich in einem verzerrspiegelraum zu befinden –

torkeln –

hinterher: fürchterliche euphorie, daß man was hört – über den akustischen tag- und nacht-unterschied –

das gefühl, daß jetzt die zeit abfließt, das gehirn sich wieder ausdehnt, das rückenmark wieder runtersackt über wochen.

das gefühl, es sei einem die haut abgezogen worden.»

Beim zweitenmal im toten Trakt (Dezember 1973):

«ohrendröhnen, aufwachen, als würde man verprügelt.

das gefühl, man bewege sich in zeitlupe.

das gefühl, sich in einem vakuum zu befinden, als sei man in blei eingeschlossen.

hinterher: schock, als sei einem eine eisenplatte auf den kopf gefallen.

vergleiche, begriffe, die einem da drinnen einfallen:

(psycho)zerreißwolf – raumfahrtsimuliertrommel, wo den typen durch die beschleunigung die haut plattgedrückt wird – kafkas strafkolonie – der typ auf dem nagelbrett – pausenloses achterbahnfahren.

zum radio: es schafft minimale entspannung, als wenn man z. b. von tempo 240 auf 190 runtergeht.

daß das ganze in einer zeit stattfindet, die sich äußerlich von anderen zellen unterscheidet – radio, mobiliar, plus zeitungen, bücher –, ist in seinen auswirkungen eher verschärfung: trägt dazu bei, die verständigung zwischen den gefangenen und den personen, die nicht wissen, was geräuschisolation ist, zu verunmöglichen.

desorientiert auch den gefangenen. (daß es weiße, d. h. lazarettzellen sind, ist terrorverschärfend, aber erst durch die stille. wenn man das durchschaut hat, bemalt man die wände.) klar, daß man da drinnen lieber tot wäre.

peter milberg, der in frankfurt-preungesheim mal in so einem ding saß (‹leerstehende krankenabteilung›), hat nachher seinem richter vorgeworfen, der hätte versucht, ihn umzubringen. das stimmt einfach, daß da drinnen eine exekution stattfindet.

das heißt, es findet ein innerer zersetzungsprozeß statt – wie substanzen sich in säure auflösen –, den man durch konzentration auf widerstand verzögern, aber nicht löschen kann.

zur heimtücke gehört die völlige entpersonalisierung. niemand, außer einem selbst, befindet sich in diesem völligen ausnahmezustand.»

(aus: «Sie würden uns gerne im Knast begraben...» Herausgeber: AStA der Pädagogischen Hochschule Westberlin, Komitee gegen Berufsverbote und politische Disziplinierung, Radikal, KB, SSB...)

WAS WÄRE WENN?

Eine fahrige Bewegung, aus einer Drehung heraus. Der Ärmel der Jacke bleibt an etwas hängen, der Reflex, die Bewegung zu bremsen, kommt zu spät. Am Tischrand stand das Nescafé-Glas, in dem ich mit dem Tauchsieder Wasser heiß mache. Das krachende Geräusch beim Auftreffen auf den Boden klingt in der Stille der Zelle wie eine Explosion. Ich sehe den Fall, das Zerplatzen, die Mischung aus Splittern und heißem Wasser, die sich wie eine weiße Wolke nach allen Seiten ausbreitet. Ich schaffe es, rechtzeitig einen Schritt zur Seite zu machen, so daß ich mich zumindest nicht verbrühe. Ich sehe den Tauchsieder in der Luft hängen, sehe, wie er sich an der Spitze langsam bläulich verfärbt und schließlich mit hörbarem Knacken durchbrennt. Erst danach bin ich wieder zur koordinierten Bewegung fähig und reiße den Stecker aus der Dose. Zu spät.

Maßlose Wut kommt in mir hoch. Du Trottel, du unfähiges Rindvieh, zu dumm zum Wasserkochen! Reflexe wie ein narkotisiertes Flußpferd. Es wird drei Wochen bis zum nächsten Einkauf dauern, bis du einen neuen Tauchsieder kriegst, und bis dahin kannst du dir heißen Kaffee oder Tee abschminken. Selbst schuld, warum stellst du das Glas auch so nah an den Tischrand.

Während ich beginnne, die Glasscherben zusammenzuklauben und das Wasser aufzuwischen, steigt der Wutpegel weiter. Und es kommt, wie es kommen muß, natürlich schneide ich mich an einer Scherbe und lasse dabei die aufs Kehrblech gesammelten Scherben gleich noch mal fallen. Scheiße!

Als der Fußboden endlich wieder sauber ist, setze ich

mich auf den Stuhl und betrachte die Glasscherben auf dem Kehrblech. Im Kopf läuft Kino, gezeigt wird «Was wäre wenn...?». Was wäre, wenn ich jetzt den länglichen Splitter dort nehmen würde, den, der so scharfkantig aussieht... und ihn am Handgelenk ansetze, da, wo der Puls so gut zu fühlen ist. Ich habe gelesen, wenn man es ernst meint, soll man nicht quer, sondern längs schneiden. Pulsierend würde rotes warmes Blut aus der Wunde spritzen, immer schön im Takt mit dem Pulsschlag würde Stoß um Stoß das Leben aus mir herausspritzen, zuerst kräftig, dann langsam versiegend, bis schließlich die gnädige Ohnmacht einsetzt.

Wie wohl der Tod wirklich ist? Ob man den Moment des Verlöschens auch in der Ohnmacht noch mitbekommt? Weh tun soll es jedenfalls nicht, es soll einen eher wie eine tiefe Müdigkeit überkommen und langsam hinunterziehen. Komisch, daß ich mir all diese Details gemerkt habe und daß sie jetzt so greifbar sind, als hätten sie die ganze Zeit in einer Schublade parat gelegen. Habe ich unbewußt schon lange auf so einen Moment gewartet?

Aber halt, stopp. Noch etwas fällt mir wieder ein. Viele überleben solche Schnippeleien, weil der Rest Blut nach der Ohnmacht in der aufgeschnittenen Pulsader verklumpt und deswegen der Kreislauf nicht endgültig zusammenbricht. Das läßt sich verhindern, indem man den aufgeschnittenen Unterarm in eine Schüssel mit lauwarmem Wasser steckt. Aber ich kann kein Wasser mehr warm machen, der Tauchsieder ist ja kaputt. Ein seltsames Gefühl von Erlösung, ein Glück, daß es nicht geht.

AUCH EINE ART BEZIEHUNG

Unsere erste Begegnung war alles andere als romantisch. Sie überwältigte mich mit solch brutaler Direktheit, daß es einer Vergewaltigung gleichkam. Die Art, wie sie sich mir aufzwang, rief Ängste bei mir hervor, von deren Vorhandensein ich bis dahin nicht einmal etwas ahnte. Im nachhinein betrachtet, mag vieles an der schicksalhaften Zwangsläufigkeit der Entwicklung unserer Beziehung an mir gelegen haben. Wir kannten uns eben noch nicht, und mein Verhalten mußte auf sie einfach mißverständlich wirken. Ich hatte sie zuvor nie wirklich, nie bewußt wahrgenommen, obwohl ich natürlich um ihre Existenz wußte. Ich hatte auch einige Male oberflächlich über sie nachgedacht, aber ihre Wirkung auf mich entsprach einfach nicht dem, was ich an Klischees mit mir herumtrug.

Jetzt, wo sie so plötzlich manifest wurde, reagierte ich mit Panik und aggressiver Abwehr. Kein Außenstehender wäre in diesem Augenblick auf die Idee gekommen, daß so der Beginn einer zärtlichen, engen Beziehung aussehen könnte. Ich drehte einfach das Radio so laut auf, daß sie durch den Schutzwall aus Lärm nicht mehr zu mir durchdringen konnte, wie sehr sie sich auch bemühte. Für sie muß das wie ein Schlag ins Gesicht gewesen sein. Schmollend zog sie sich schließlich zurück, nachdem ich auch ihre vorsichtigen Annäherungsversuche in den Pausen zwischen zwei Bumsfallera-Liedern durch das Umschalten auf einen anderen Sender abgewehrt hatte.

War sie vielleicht ganz verschwunden? War das das adäquate Mittel, sie auf Dauer in Schach zu halten? Ich war verunsichert, hatte aber nicht die geringste Lust, es auf einen neuen Versuch ankommen zu lassen. An diesem Tag blieb das Radio an, bis ich einschlief, und es lief noch in gleicher Lautstärke, als ich am nächsten Morgen wieder erwachte.

Aber – um ehrlich zu sein – die Angst war über Nacht um keinen Deut geringer geworden. Also lief das Radio weiter, nur unterbrochen vom Umstellen auf ein anderes Programm, wenn der akustische Salat allzu unerträglich zu werden begann. Es dauerte zwei Tage und Nächte, bis ich mein Gleichgewicht wiedergefunden hatte und mein lädiertes Selbstbewußtsein es zuließ, den ununterbrochen plärrenden und quäkenden Dröhnkasten abzustellen. Ich war es gründlich leid, mir jeden Mist, den der Lautsprecher von sich gab, um und in die Ohren schlagen zu lassen.

Gerade an dem Abend, als ich dem Kasten den Strom abdrehte, kamen ziemlich rare Scheußlichkeiten über den Äther. Im ersten der drei Sender, die durch den Stahlbeton bis in mein Hochsicherheitsschließfach vordrangen, lief klerikaler Wechselgesang, unterbrochen nur von einer wahrhaft jenseitigen Stimme, die mit allen Weihwassern gewaschen darauf hinwies, daß mein Seelenheil davon abhängen könnte, wieviel Nullen ich auf den Scheck zu schreiben bereit sei, den ich – noch sei es ja nicht zu spät – doch bitte sofort für die Missionsarbeit eben dieser sendungsbewußten Kirchengemeinschaft spenden solle.

Im zweiten Sender mußte ich vernehmen, daß die Steuerprogression in diesem unserem Lande in den letzten zehn Jahren die niedrigste in der ganzen europäischen Gemeinschaft gewesen sei. Das war mir unmittelbar einsichtig, weil ich kurz zuvor gelesen hatte, es sei einem gewissen Herrn Flick sozusagen im Alleingang geglückt, vermittels einer vergleichsweise lächerlichen Bestechungssumme einen dreistelligen Millionenbetrag an Steuern einzusparen.

Ich begab mich also auf die Suche nach dem dritten und letzten Sender. Ein altes Rock 'n' Roll-Stück versprach auch tatsächlich Entschädigung für die bisher erlittenen Qualen. Aber wie es so kommt, die Musik wurde nach wenigen Augenblicken ausgeblendet. Ich vernahm eine zakkig-markige Männerstimme auf englisch (der Sender hieß eben nicht umsonst American Forces Network), die in einem exerzierplatzmäßigen Stakkatoton die Vorteile und das patriotisch-heroische Gefühl beschrieb, in Uncle Sam's one and only Army Berufssoldat zu werden. Was zuviel war, war zuviel, ich kratzte mein bißchen Mut zusammen und stellte den Kasten ab.

Erst nach vollbrachter Tat wurde mir richtig bewußt, daß ich von nun an wieder damit rechnen mußte, von ihr heimgesucht zu werden. Wahrscheinlich hatte sie sich die ganze Zeit vor allem deswegen still verhalten, um auf eine Gelegenheit wie diese zu lauern. Ich war entschlossen, mich zu wehren, sie nicht an mich heranzulassen. Sie aber schien meine Abwehr zu spüren und reagierte wider Erwarten vorsichtig und abwartend. Da es auf Dauer unmöglich ist, den permanenten Alarmzustand kräftemäßig aufrechtzuerhalten, ließ meine Abwehr über die Stunden langsam nach. Fatalismus machte sich in mir breit. Sollte sie doch kommen, sollte sie mich an die Wand drücken, ausgeliefert war ich ihr so oder so. Im Grunde war ihr Sieg nur eine Frage der Zeit, warum also nicht kurz und schmerzlos?

Sie kam schließlich wirklich, aber sie verblüffte mich erneut. Sie hatte dazugelernt, sie war sehr behutsam und vorsichtig, ja beinahe zärtlich. Beim ersten Kontakt zuckte ich noch instinktiv zurück. Aber sie hatte Geduld mit mir und ließ mir genug Zeit, mich auf ihre Anwesenheit einzustellen. Nun war ich neugierig geworden, die

Angst begann in den Hintergrund zu rücken. Es begann ein vorsichtiges Abtasten zwischen uns beiden, ein Erkunden der Eigenschaften des anderen, ohne fordernd oder vereinnahmend zu wirken und mit der Möglichkeit, sich jederzeit und ohne Erklärung zurückziehen zu können.

So begann unsere Beziehung. Mag sein, daß sie ursprünglich auf äußeren Zwängen beruhte – schließlich saßen wir beide an diesem Ort fest –, aber das wurde im Laufe der Zeit immer nebensächlicher, denn wir hatten uns viel zu geben.

Inzwischen ist aus diesen Anfängen eine feste Bindung entstanden. Unser Verhältnis zueinander ist so vertraut, daß ich ihr Dinge über mich anvertraue, die ich sonst keinem erzählen würde. Sie ist meine verständnisvollste und geduldigste Zuhörerin, sie hat immer Zeit für meine Sorgen und Nöte und nimmt auch meine manchmal unberechenbaren und unerträglichen Launen klaglos hin. Ob ich aus Hilflosigkeit wütend werde oder mich in Selbstgespräche verliere, sie läßt sich durch nichts abschrecken. Im Gegenteil, gerade dann, wenn ich mich von ihr entferne und ihr die kalte Schulter zeige, rückt sie näher, nimmt mich behutsam in die Arme und hält mich voller Zärtlichkeit fest. An ihrer schier unerschöpflichen Kraft läßt sie mich teilhaben, ohne ihrerseits irgend etwas zurückzuverlangen.

Ich habe wirklich gelernt, sie zu lieben… die Stille in meiner Zelle.

(Geschrieben nach den ersten drei Monaten Hochsicherheitshaft in Stuttgart-Stammheim)

TRAKT-GESCHICHTE

Seit die Trakte Anfang der siebziger Jahre für Gefangene aus der RAF eingerichtet wurden, haben sie sich sowohl baulich wie auch funktionsmäßig verändert. Anfänglich wurde ihre Einrichtung damit gerechtfertigt, daß sie vor allem für die Zeit der Untersuchungshaft Aussageabsprachen und gemeinsame Ausbruchsvorbereitungen der Gefangenen unterbinden sollten. In dieser ersten Zeit waren die damals von den Gefangenen als «tote Trakte» bezeichneten Hochsicherheitszellen noch die Ausnahme und Provisorien. Zumeist wurden in einem Gefängnisflügel alle Zellen geräumt und dann einzelne RAF-Gefangene dort untergebracht. Die Zellen links und rechts sowie ober- und unterhalb des Haftraums blieben leer, um so die Kontaktaufnahme der RAF-Gefangenen untereinander und zu den Normalgefangenen unmöglich zu machen.

Doch immer wieder gelang es den Gefangenen, durch Zurufe durch die Türen oder die Zellenfenster oder durch das «Telefonieren» durch leergepumpte Toilettenrohre miteinander oder mit anderen Gefangenen zu reden. Es gab zwar auch zu dieser Zeit bereits Beobachtungs- und Absonderungszellen sowie Sicherheitstrakte, aber die waren auf das Leerlaufenlassen von Aggressionen und Zerstörungswut beim häufig auftretenden Haftkoller von Normalgefangenen ausgelegt. Gefangene, die sich als Kollektiv verstanden und zu arbeitsteiligem Handeln in der Lage waren, waren bis dahin absolute Ausnahmeerscheinungen gewesen.

So begann man schon bald, die Isolation zu perfektionieren. Die Altbaugefängnisse, in denen die Gefangenen größtenteils einsaßen, wurden entsprechend aus- und umgebaut. Funde von Befreiungsplänen, einige wenige geglückte

Ausbrüche und der auch nach außen offensichtliche weitere Zusammenhalt der Gefangenen aus politisch motivierten Gruppen führten schließlich zur Planung und zum Bau von separaten, speziell ausgebauten und eingerichteten Hochsicherheitstrakten. Abgesegnet von den Innen- und Justizministern des Bundes und der Länder und unter der Federführung von Bundeskriminalamt und Bundesanwaltschaft entstanden die Trakte in ihrer heutigen Form. Dabei kristallisierte sich auch langsam die psychologische Zielsetzung heraus, die mit der Einrichtung und Belegung der Trakte verfolgt wurde. Es war sicherlich kein Zufall, daß Mitte der siebziger Jahre an einigen deutschen Universitäten mit Mitteln des Bundes und der Länder Projekte zur Erforschung der sensorischen Deprivation gefördert wurden. Die Trakte sollten nicht mehr bloß der Isolation der Gefangenen dienen, sie sollten insgesamt demotivierend und persönlichkeitsverändernd wirken. Daß die persönlichkeitsverändernde Wirkung des teilweisen Entzugs von optischen, akustischen und sensorischen Reizen nicht ohne den Preis von psychischen und physischen Schäden zu haben war, wurde dabei billigend in Kauf genommen.

Auch in ihrer Außenwirkung waren und sind die Trakte psychologisches Mittel. Daß ein unter den unerträglichen Haftbedingungen eines Hochsicherheitstrakts Inhaftierter mehr als jeder andere und um beinahe jeden Preis aus dieser Situation heraus will, wurde umgedreht zum Beleg dafür, wie gefährlich die RAF-Gefangenen noch immer seien und wie ungebrochen ihre kriminellen Energien. Sichergestellte Kassiber, in denen die Gefangenen ihre Genossen im Untergrund zu Befreiungsaktionen aufforderten, wurden propagandistisch zur Rechtfertigung eben der HS-Trakte verwertet, die die Ursache für die oft desperaten Befreiungsvorschläge waren.

Aber auch für die RAF selber wurde die Existenz der HS-Trakte funktional. Wenn der mächtige Staat Bundesrepublik zu solchen Mitteln greifen mußte, bedeutete das nicht, daß es der RAF gelungen war, zum ernst zu nehmenden, systemgefährdenden Gegner zu werden?

Die RAF begann, die Empörung über die Hochsicherheitstrakte in linken und liberalen Kreisen zu forcieren, zu kanalisieren und schließlich zur Rekrutierung neuer Gefolgsleute zu benutzen. Für manche junge Menschen war es unerträglich, um die Existenz der Trakte zu wissen, zu wissen, daß dort im Namen des Volkes und nach dem Gesetz «weiße Folter» praktiziert wurde. Ihr Engagement zur Verbesserung der Haftsituation der RAF-Gefangenen beantwortete die Bundesanwaltschaft damit, daß sie den Begriff der Werbung für eine terroristische Vereinigung gemäß Paragraph 129a weiter auslegte. Fortan konnte man bereits als RAF-Sympathisant kriminalisiert werden, wenn man nur von Isolationsfolter sprach oder die Forderung der RAF-Gefangenen nach Zusammenlegung unterstützte. Viele aus der sogenannten zweiten Generation der RAF, deren Aktionen größtenteils die Befreiung der RAF-Gefangenen zum Ziel hatten, waren vorher in legalen Gruppen zur Unterstützung der politischen Gefangenen tätig, bis ihnen wegen dieser Tätigkeit Haftstrafen drohten.

So schufen sich die Trakte ihre neuen Bewohner quasi selber, es entstand ein Kreislauf, der bis heute funktioniert.

ANWALTSBESUCH

Für Anwälte bedeutet die Mandatsübernahme für einen im HS-Trakt Inhaftierten eine weit über den konkreten Fall hinausgehende Belastung. Es verlangt viel Mut, Selbstbewußtsein und starke Nerven von einem Anwalt, einen sogenannten Terroristen zu verteidigen. Denn nur zu oft wird dem Verteidiger vom Gericht, von der Bundesanwaltschaft und der einschlägigen Presse unterstellt, daß seine engagierte Verteidigung gerade eines solchen Mandanten auf heimlicher Sympathie beruht. Auch bei seinem Mandanten bzw. seiner Mandantin kann er nicht auf vorbehaltloses Vertrauen rechnen. Mangels anderer Kontakte lädt der im Trakt Inhaftierte seinen Unmut und seine Verzweiflung, sein Mißtrauen gegen «die da draußen» und seine ohnmächtige Wut über die Situation häufig beim Anwalt ab.

Auch deswegen ist es fast unmöglich, bei Anwaltsbesuchen sofort mit der Arbeit an der Prozeßvorbereitung zu beginnen. Zuerst muß der Inhaftierte meist Dampf ablassen, all das loswerden, was sich in den Tagen und Wochen seit dem letzten Besuch im Trakt bei ihm angestaut hat. Und danach will er die Leere in sich füllen, will wissen, was sich inzwischen draußen alles ereignet hat. Wen hat der Anwalt gesehen oder gesprochen, den der Inhaftierte auch kennt? Die Gier nach Details, nach genauester Beschreibung und Wiederholung ist beinahe grenzenlos. Erst wenn es dem Anwalt gelungen ist, seinen Mandanten in dieser Hinsicht mit psychologischem Feingefühl zu stabilisieren, kann er zum Eigentlichen kommen.

Bei allem, was zwischen dem Verteidiger und dem Mandanten passiert, sorgt die Trennscheibe für Unnahbarkeit und eine kalte Form von Distanz. Der «Aquariumseffekt» macht es sehr schwer, zu einem wirklich direkten Austausch zu kommen.

Aber nicht nur die Trennscheibe bestimmt die Atmosphäre eines Verteidigerbesuchs, es bleibt auch das berechtigte Mißtrauen, daß diese einzigen scheinbar unüberwachten Gespräche doch über Wanzen abgehört werden. Wirklich wichtige Fragen, die meist kompliziert sind und längerer Antworten bedürfen, müssen aufgeschrieben und an die Trennscheibe gehalten werden, will der Verteidiger halbwegs sicher sein, daß die Bundesanwaltschaft nicht schon vor der Hauptverhandlung erfährt, welche Verteidigungslinie der Beschuldigte und sein Anwalt einzuschlagen gedenken. Diese Methode ist zeitraubend und führt leicht zu Mißverständnissen.

Auch das Studium der Anklageschrift und der Gerichtsakten wird durch die Trennscheibe sehr erschwert. Man kann nicht nebeneinander sitzend die Akten durcharbeiten, sondern der Verteidiger muß dem Mandanten alle Stellen, die er für wichtig hält, durch die Scheibe hindurch zeigen.

Sollten Anwalt oder Mandant vergessen haben, bestimmte Unterlagen oder Akten mitzubringen, kann keiner von beiden schnell losgehen, um sie zu holen, denn das Verlassen der Trennscheibenzelle bedeutet für beide, erneut den vollen Sicherheitscheck zu durchlaufen.

Für mich bedeutet der Kontakt zum Verteidiger Hoffnung und Angst zugleich. Einerseits ist der Verteidiger ein gewisser Schutz gegen die gröbsten Willkürakte, andererseits muß ich mich ihm weitestgehend anvertrauen, und das aus einer Situation heraus, in der ich mich sowieso permanent ausgeliefert fühle. Habe ich all meinen Ballast beim Anwalt abgeladen, überkommen mich häufig

Schuldgefühle, denn daß meine Verzweiflung den Verteidiger nicht unberührt gelassen hat, kann ich an seinem Gesicht ablesen. Manchmal führen diese Zwiespältigkeiten zu plötzlichen heftigen Aggressionen, die sich willkürlich auch gegen den Verteidiger richten, weil dieser als einziger greifbar ist.

Hin und her gerissen zwischen einem übergroßen Mitteilungsbedürfnis und der Angst, Dinge auszuplaudern, die zu wissen auch für den Anwalt nur belastend sein können, ist es häufig kaum möglich, ein normales Verhältnis zum Anwalt herzustellen. Der Schulterklopfer, die angebotene Zigarette, der Händedruck am Anfang und am Ende des Besuchs, all diese kleinen, aber wichtigen Gesten, die normalerweise dazu beitragen, Spannungen abzubauen, sind durch die Trennscheibe unmöglich gemacht. Auch das Lachen wirkt, gefiltert durch das Panzerglas und den Lochblechdurchlaß, immer ein wenig künstlich, so als wäre es eine Szene in einem Film und nicht erlebte Realität.

EIN VERHANDLUNGSTAG IN STAMMHEIM

Verhandlungstage unterscheiden sich von allen anderen Tagen. Obwohl die Termine bereits lang vorher festgesetzt sind, verdränge ich das auf mich zukommende bis zum letzten Augenblick.

Spätestens am Tag vor dem Verhandlungstermin beginnt das bevorstehende Ereignis mein Denken gänzlich zu beherrschen. Da ich in aller Regel weiß, welche Vernehmungen durchgeführt werden sollen, ob Gutachter geladen sind oder Polizeibeamte Tatortbeschreibungen erläutern sollen, kreisen meine Gedanken bald nur noch um diese Punkte. Wer wird voraussichtlich was sagen, wie soll ich darauf reagieren, soll ich überhaupt dazu Stellung nehmen? Das assoziative Karussell kann so an Fahrt gewinnen, daß es sich verselbständigt und alle anderen gedanklichen Möglichkeiten zentrifugal davonschleudert. Die Ergebnisse solcher Geisterbahnfahrten durch die eignen Erinnerungen oder entlang der aktenmäßig festgehaltenen Aussagen haben mit dem dann stattfindenden, tatsächlichen Verhandlungsverlauf meist wenig zu tun.

Die Nacht vor Verhandlungstagen schlafe ich selten. Oft genug beginnt ein Erschöpfungsschlaf gerade dann, wenn die ersten Morgengeräusche das Erwachen der Knastmaschine anzeigen. Verschlafen, überdreht und unfähig, mich zu konzentrieren, beginne ich die Akten und meine Notizen zusammenzuklauben. Schon nach wenigen Handgriffen weiß ich nicht mehr, ob ich das Protokoll des letzten Verhandlungstages nun schon zu den Akten gelegt habe oder ob es sich noch in dem stetig wachsenden Berg von Unterlagen befindet, der inzwischen den Großteil des

Schreib- und Eßtisches unter sich begraben hat. Also alles noch mal von vorn. Je näher der Zeitpunkt rückt, an dem mich drei Schließer nach nebenan in die Umkleidezelle eskortieren, desto nervöser werde ich. Auch wenn ich die Unterlagen dreimal durchgegangen bin, das Gefühl, etwas Wesentliches vergessen zu haben, will nicht weichen. So könnten sich Schauspieler vor einer Uraufführung fühlen ... wenn sie wüßten, daß sie der Auftritt unter Umständen das Leben kosten kann.

Obschon die ganze Zeit über erwartet, kommt das Entriegeln und Aufschließen der Zellentür noch jedesmal so überraschend, daß es zu einem angstvollen Aufschrecken reicht. Wie in Trance trotte ich zwischen den drei Gestalten hinüber in die Umkleidezelle, das Bündel Papier unter dem Arm, dessen richterliche Auslegung über mein ganzes weiteres Leben bestimmen wird. An Verhandlungstagen empfinde ich es als besonders erniedrigend, mich vor den drei Schließern nackt ausziehen zu müssen. Es ist, als wollten sie einem vor Verhandlungsbeginn noch schnell klarmachen, daß man der Justiz so oder so völlig ausgeliefert ist.

Nach dem Umkleiden und dem Anlegen der Handschellen geht es im Fahrstuhl vom siebten Stock, dem Hochsicherheitstrakt, hinunter zum Parterre, wo auf dem Innenhof ein vergitterter VW-Transporter bereitsteht. Er wird mich die zweihundert Meter bis zum Gerichtsgebäude fahren, das aus Sicherheitsgründen auf dem Gefängnisgelände errichtet wurde. Auf dem Dach der Justizfestung stehen mit Sturmgewehren bewaffnete Scharfschützen, um das Gelände patroullieren berittene Polizisten und mehrere Streifenwagen, entlang dem Außenzaun stehen im Abstand von zwanzig Metern Uniformierte mit Maschinenpistolen. Ich hege schon lange den Verdacht, daß das martialische Aufgebot vor allem psychologische Funktionen erfüllen soll, nämlich zum einen potentielle Besucher abzuschrecken und zum anderen die Gefährlichkeit derer zu demonstrieren, gegen die hier verhandelt wird.

Die Fahrt im Fahrstuhl, das Hineinzerren in den Transporter, die Zweihundert-Meter-Fahrt hinüber zum Prozeßgebäude, der Spießrutenlauf entlang den Teleobjektiven sensationsgeiler Fotoreporter: das alles läuft wie ein Film an mir vorbei, so als hätte ich mit diesen hektischen Vorgängen gar nichts zu tun. Erst im Prozeßgebäude, in der durch eine Panzerglastrennscheibe geteilten Anwaltssprechzelle, komme ich wieder zu mir. Aber keine Zeit zum Ausruhen und Sichzurechtfinden, es bleiben nur wenige Minuten, um mit den Anwälten über die Dinge zu reden, die heute anliegen. Selbst meine Anwälte können kaum nachvollziehen, welche Zerreißprobe es für meine Psyche bedeutet, in Minuten aus der vollständigen Einsamkeit der Isolationszelle umzusteigen in ein Gespräch mit mehreren Personen – von dem ich noch dazu weiß, daß es vielleicht entscheidend sein kann für den ganzen weiteren Prozeßverlauf. Manchmal zittere ich wie Espenlaub, der Körper entlädt die aufgestaute Spannung eben auf seine Weise.

Nach dem kurzen Vorgespräch mit den Anwälten geht es, wieder in Handschellen, eine Treppe hinauf in den Verhandlungssaal. Er hat die Ausmaße eines Flugzeughangars, die trostlose Architektur ist kaum zu überbieten. Graue unverputzte Betonwände, grauer Teppichboden, ein von Gestängen mit nackten Neonröhren kreuz und quer durchzogener Himmel, winzige Oberlichter, die eine Ahnung davon vermitteln, ob es draußen Tag ist oder Nacht. Bei diesem Gebäude ist zugunsten der Sicherheit die Ästhetik gegen null geschrumpft. Bezeichnend auch die unterschiedlichen Höhen der Podeste. Ganz oben, auf der vierten Ebene sozusagen, thronen die fünf Richter und zwei Ersatzrichter, eine Ebene tiefer folgt die Bundesanwaltschaft, auf der zweituntersten Ebene schließlich ich als Beschuldigter und noch eins tiefer meine Anwälte, die so gezwungen sind, zu allen anderen Verfahrensbeteiligten aufzuschauen. Man muß kein Psychologe sein, um dieses merkwürdige Arrangement zu erklären.

Wenn ich den Gerichtssaal betrete, verliere ich jedesmal für Augenblicke die Übersicht. Der große Raum verschluckt mich, solche Dimensionen bin ich nicht mehr gewohnt. Meist ist es der öffentliche Akt der Erniedrigung, wenn mir vor den Zuschauern die Handschellen abgenommen werden, der mich brutal in die Gegenwart zurückholt. Dann suche ich Halt in einem vertrauten Gesicht, sehe mich um, ob einer der Freunde gekommen ist, um mir den Rücken zu stärken.

Der Einzug des Gerichts und der Bundesanwälte ist ein Ritual, so wie der ganze Ablauf bis zu diesem Augenblick. Ein Gerichtsdiener kündigt das Erscheinen des Senats an, alles steht auf (wer nicht aufzustehen bereit ist, wird günstigstenfalls des Saales verwiesen, schlechtestenfalls zu einer sofort anzutretenden mehrtägigen Ordnungshaft verurteilt), das Gericht setzt sich, alle anderen setzen sich auch. Der vorsitzende Richter verkündet, was an diesem Tag Gegenstand der Verhandlung sein wird. Wenn ich unter den Zuschauern ein bekanntes Gesicht entdeckt habe, so versuche ich während der Prozeßeröffnung etwas von dem darin zu lesen, was sich inzwischen draußen unter den Freunden abgespielt haben mag. Erst wenn eine Zeugenvernehmung beginnt oder Aussagen zur Sache verlesen werden, kehren auch meine Gedanken in den riesigen kahlen Raum zurück. Nun heißt es, dem, was da vorn vorm

Richtertisch geschieht, so lang es eben geht, mit der größtmöglichen Aufmerksamkeit zu folgen.

Ich schaffe es selten länger als drei Stunden, mich auf die oft monotonen Stimmen, die Frage- und Antwortsequenzen zu konzentrieren. Spätestens nach drei Stunden Verhandlung beginnen die Gedanken wegzudriften in eine Art innerpsychisches Niemandsland, wo Wörter zu Zufallsbildern werden, wo sich Sätze in Gefühle auflösen. Hochschrecken dann, wenn plötzlich das Wort an mich gerichtet wird. Könnten Sie die Frage wohl noch einmal wiederholen? Ich sehe den Gesichtern der Richter die Mißbilligung an, sie vermuten wahrscheinlich, daß ich Zeit gewinnen will, mich taktisch verhalte oder auf Verfahrensverzögerung setze, um mich in die Mittagspause hinüberzuretten.

Am Anfang habe ich auf Anraten der Anwälte einmal versucht, meine Situation zu erklären, den totalen Ausnahmecharakter der Verhandlungstage verständlich zu machen. Nur einer der Richter hat überhaupt etwas dazu gesagt, nämlich daß ich nicht der erste sei, der sich der Beschwernis eines Gerichtsverfahrens zu unterziehen habe, und daß bisher alle, die hier vor Gericht gestanden hätten, die Verhandlungen lebendig überstanden hätten. Sie haben gar nicht kapiert, worüber ich eigentlich gesprochen habe. Sie durften es im Grunde genommen auch nicht verstehen, denn schließlich hatten sie selbst mir die Haftbedingungen auferlegt, die nun während der Verhandlung meine Konzentrationsfähigkeit so schnell sinken ließen.

An Verhandlungstagen esse ich selten zu Mittag. Die Aufregung sorgt noch jedesmal dafür, daß sich der Appetit in Grenzen hält. Was aber schier unstillbar ist, ist der Durst. Ich trinke oft drei, vier Liter Kaffee oder Tee. Mit vor Aufregung völlig ausgetrocknetem Mund reden zu müssen ist eine Tortur. Ich nutze jede Gelegenheit, um etwas zu trinken, vielleicht auch deswegen, weil die Schweißausbrüche einander wie Wellen ablösen.

Wenn die Verhandlung am Nachmittag fortgesetzt wird, ist fast immer ein Stimmungswechsel zu verzeichnen. Auch die Richter und Bundesanwälte bauen innerhalb dieses trostlosen Gebäudes schnell ab. Die Reaktionen von der Richterbank werden immer ungeduldiger und aggressiver, besonders wenn sie sich gegen meine Verteidiger und mich richten. Zugleich hält aber auch ein gewisses Laisser-faire Einzug. So etwa ab drei Uhr nachmittags wird die Verhandlungsführung merklich straffer, und die Vertagung liegt bereits in der Luft. Ich bin zu diesem Zeitpunkt sowieso kaum noch imstande, Wichtiges von Unwichtigem zu unterscheiden. Die Wortflut rauscht über mich hinweg, schläfert mich vollends ein, läuft auf zu einem ununterscheidbaren Brei von Sätzen. Ich kämpfe mit Übermüdung, mit dem Gefühl der Sinnlosigkeit und dem Bedürfnis aufzustehen und zu einem der Freunde im Zuschauerraum zu gehen. Das Gericht trägt dem allseitigen nachmittäglichen Kräfteschwund insofern Rechnung, als es darauf achtet, daß Prozeßentscheidendes meistens morgens anfällt.

Am Ende des Prozeßtages läuft das Transport- und Entkleidungsritual in umgekehrter Reihenfolge noch einmal ab. Für mich ist das Ganze erst vorbei, wenn ich in meiner Zelle auf der Pritsche liege. Einschlafen funktioniert meistens nicht, trotz aller Müdigkeit lassen die Bilder im Kopf, das chaotische Sammelsurium von Eindrücken und Empfindungen, mich nicht zur Ruhe kommen. Gelingt es mir aber, ein oder zwei Stunden zu schlafen, dann tut sich nach dem erschöpften Erwachen fast immer ein Depressionsloch auf. Die Wände, eng genug, rücken noch weiter zusammen, ich habe das Gefühl, am äußeren Druck zu ersticken.

War das alles wirklich? Soll dieses Alptraumballett wirklich entscheidend dafür sein, ob ich den Rest meines Lebens hinter Gittern verbringen muß? Mein momentaner Zustand ist damit nicht in Einklang zu bringen, sowenig wie die Erinnerung an die Verhandlung in ihrer Banalität der Schwere dessen gerecht wird, was für mich womöglich daraus erwächst.

Manchmal dauert es drei bis vier Tage, bevor mich die Gedankengeisterbahn wieder in das zeitlose Vakuum des Zellendaseins entläßt. Diese Zeit ist weniger Regenerationsphase als der mühselige Versuch, zu rekonstruieren und zu gewichten, was sich real ereignet hat. Schon einige Male kam mir in dieser Phase erschreckend zu Bewußtsein, daß ich in der Hauptverhandlung wichtige Details, die nicht unkommentiert hätten bleiben dürfen, falsch eingeschätzt oder gänzlich übersehen habe. Dann kann es passieren, daß mich das Versäumte so lange verfolgt, bis mir der nächste Verhandlungstag die Möglichkeit zur Richtigstellung gibt. Wieviel wirklich Wichtiges mir durch Überforderung und die haftbedingte Konzentrationsunfähigkeit insgesamt durchgerutscht ist, vermag ich bis heute nicht zu sagen.

AUFGEBEN?

Aufgeben? Manchmal, nur ein bißchen
keine Arme hier die mich auffangen
wohin sich also fallenlassen?
Da draußen vor den Mauern wird gelebt
mich aber kreisen meine Schwächen ein
den Mut zusammennehmen und den Kopf erheben
trotzdem lachen zwischen den Tränen
planen immer nur für den nächsten Tag
auch die kleinen Tode sterben sich nicht einfach
ich will noch immer die Leere mit Träumen füllen
ich suche deine Augen
es darf nicht alles umsonst gewesen sein
es muß einen Sinn haben
ich gebe nicht auf, ich liebe dich

Die Fehler wie Geschwüre in den Gedanken
kein Selbstmitleid jetzt, wie es war, war es gut
denk an die, die keine Chance hatten
wer tot ist lernt nichts mehr dazu
auch für sie bist du hier
da liegt ein Lächeln zwischen den Zeilen
Kraft genug für einen weiteren Tag
der Wille weiterzuleben
versteckt sich in hundert unscheinbaren Dingen
Aufgeben? Manchmal, nur ein bißchen
soviel unsichtbare Arme die mich halten
aus Schwäche wird Wut und ich spüre, daß ich lebe
heute noch, diesen einen Tag
und wir werden zusammensein,
wir geben nicht auf, wir lieben uns

(Geschrieben 1984 im Stammheimer Hochsicherheitstrakt, als allen Umständen zum Trotz die Liebe zu einer Frau begann)

In der Isolation sind gerade die intensivsten und schönsten Gefühle zwischen Menschen immer zweischneidig. Wer etwas empfindet, wird dadurch angreifbar, wer zu träumen vermag, wird sich der Realität um so bewußter. Liebe gibt eine ungeheure Kraft, Liebe, die sich nicht so einzulösen vermag, wie sie empfunden wird, läßt einen aber auch bodenlos tief fallen. Mit diesen extremen Schwankungen muß man zurechtkommen, ohne mit dem geliebten Menschen darüber reden zu können. Das ist die Zeit der zehnseitigen Briefe, der Versuche, alles täglich aufs neue umfassend zu berichten und zu erklären. So groß wie die Gefahr ist, sich selbst zu überfordern, so groß ist auch die Gefahr, die Partnerin ungewollt mit gefangenzusetzen. Jede Schilderung der unerträglichen Haftbedingungen zieht auch die Freundin ein Stück mit runter, je eindringlicher das Lebendig-eingemauert-Sein geschildert wird, desto mehr wird es auch für den geliebten Menschen draußen zum empfundenen Gefängnis.

Trotzdem, in dieser Situation noch mehr wie in jeder anderen: Es bleibt nur der Weg der radikalen Offenheit. Die Knastwirklichkeit holt einen auch am Ende des schönsten Traums wieder ein.

BITTERE MEDIZIN

Du kannst dir im Trakt einiges erlauben, du kannst die Wände anbrüllen, du kannst dich halbwegs einrichten, oder du kannst deine Zelle samt Inhalt zu Kleinholz verarbeiten. Die wenigen «Privilegien», die dir an dieser Endstation noch entzogen werden können, sind kaum der Rede wert. Es gibt aber auch einiges, was du unbedingt vermeiden solltest, und dazu gehört das Krankwerden. Knastärzte sind eine ganz besondere Spezies. Wer sich für wenig Geld als beamteter Arzt verdingt, hat zumeist Gründe, eine Karriere «auf freier Wildbahn» zu scheuen. Will sagen, daß die Knastärzte meist nicht gerade zu den besten ihrer Profession gehören. Auch für beamtete Mediziner ist der Knast eine Art Endstation. Von hier noch mal in ein normales Krankenhaus wechseln oder sich als Kassenarzt niederlassen zu wollen, ist so gut wie aussichtslos.

Manchen gescheiterten Mediziner muß der Karriereknick in den Keller sehr verbittert haben, anders ist es kaum zu erklären, was viele dieser Gitter-Mediziner alles mit den von ihnen abhängigen Gefangenen anstellen. Draußen wird oft von Patienten darüber geklagt, daß sich die Ärzte mit einer Durchschnittskonsultationszeit von acht bis zehn Minuten für den einzelnen Kranken zuwenig Zeit nehmen. Drinnen werden in dieser Zeit oft genug vier oder fünf Gefangene «verarztet». Meist bekommen sie lediglich Medikamente verordnet, um die von ihnen geschilderten Symptome zu unterdrücken. Selten wird gründlich nachgefragt und untersucht, das lassen schon die hohen Gefangenenzahlen kaum zu. Im Trakt sieht es etwas besser aus. Die Ärzte, die hier tätig werden, sind zwar auch nicht viel gründlicher, aber wegen der Bekanntheit ihrer unfreiwilligen Patienten versuchen sie zumindest, die von ihnen Abhängigen haftfähig zu erhalten.

Was dir trotz dieser vordergründig besseren Bedingungen allerdings nicht passieren darf, ist das, was man einen akuten Notfall nennt. Wenn du mitten in der Nacht eine Kolik kriegst oder dein Herz verrückt spielt, darfst du auf schnelle Hilfe nicht rechnen. Nichtbeamtete Ärzte bekommen nur Zutritt zum HS-Trakt, wenn akute Lebensgefahr droht. Ob dies der Fall ist, diagnostiert der zuständige beamtete Arzt nachts zumeist telefonisch anhand der Schilderungen durch die diensthabenden Schließer. Oft genug führt diese Ferndiagnose zum Ergebnis, daß es ausreicht, dem Betreffenden ein starkes Schmerz- oder Beruhigungsmittel zu geben, damit er die Zeit bis zum nächsten Morgen übersteht.

Aber selbst wenn dem Arzt der nächtens aufgetretene akute Notfall so bedrohlich erscheint, daß er die Verlegung in ein reguläres Krankenhaus anordnet, bedeutet das noch lange nicht, daß dem Gefangenen in absehbarer Zeit geholfen wird. Kein HS-Gefangener darf nämlich den Knast ohne Polizeieskorte verlassen, außerdem haben bei einer solchen Verlegung alle möglichen Institutionen, vom Haftrichter über das BKA bis hin zur Bundesanwaltschaft, mitzureden. Das gilt im übrigen auch, wenn chronische Beschwerden auftreten, die bei Gefangenen aus dem Regelvollzug zur Haftunterbrechung, wenn nicht sogar zur Haftunfähigkeitserklärung führen würden. Bis sich alle der mit Sicherheit und Ordnung befaßten Stellen über die Behandlung einig sind, kann die Situation für den Betroffenen längst lebensbedrohlich sein.

Bei der RAF-Gefangenen Katharina Hammerschmidt wurde ein Tumor in der Brust «übersehen», bis er inoperabel war und die Frau daran starb. Die wegen des Verdachts eines Verbrechens nach Paragraph 129a inhaftierte Marianne Herzog wurde wegen Zahnbeschwerden erst behandelt, als sie eine lebensbedrohliche Blutvergiftung hatte. Der RAF-Gefangene Günther Sonnenberg ist noch immer inhaftiert, obwohl er infolge eines Kopfschusses von mehreren unabhängigen Ärzten für haftunfähig erklärt wurde und an Gedächtnisverlust leidet.

Dies sind nur die gröbsten Beispiele, die Liste ließe sich noch beträchtlich verlängern. Manche Gefangenen aus den Trakten konnten die notwendige Behandlung nur per Rechtsanwalt mit einer Klage durchsetzen, einige kamen selbst auf diesem Weg nicht zu einer ausreichenden medizinischen Versorgung.

Das Fazit: Du mußt alles versuchen, um fit zu bleiben, jede ernsthafte Erkrankung kann im Hochsicherheitstrakt wortwörtlich tödliche Folgen haben.

EINKAUF

Zum x-tenmal gehe ich die Einkaufsliste durch. Was ich brauche und wofür der mir zugestandene Einkaufsbetrag ausreicht, habe ich längst aufgeschrieben. Aber das Durchlesen der langen Kette von Artikeln wirkt wie ein Ausflug in Ali Babas Schatzkammer. Banale Produkte wie eine Seife, die die Frische des Ozeans verspricht, wirken im Trakt so exotisch, wie die Werbung es gern hätte. Deswegen verplane ich beim Aufschreiben der am dringendsten benötigten Dinge – Kaffee, Tabak, Zigarettenpapier, ein neues Farbband für die Schreibmaschine, Zucker, Milchpulver, Streichhölzer und Briefmarken – nie den gesamten Einkaufsbetrag.

Ein paar Mark lasse ich immer offen, um mir noch einen spontanen Wunsch, etwas Besonderes, einen Hauch von Luxus gönnen zu können. Mal kaufe ich eine Dose Ovomaltine, mal eine gefüllte Biskuitrolle oder eine Flasche Saft. Es sind Bahnhofskioskpreise, die der Anstaltskaufmann verlangt. Fast alles ist hier teurer als draußen; und nicht nur das, oft sind die Produkte auch so nah am Verfallsdatum, daß sie sofort aufgebraucht werden müssen, denn ein Umtausch ist nicht möglich.

Im Gegensatz zu den Normalvollzugsgefangenen dürfen die im HS-Trakt Inhaftierten nur über einen Bestellschein und nicht direkt beim Kaufmann einkaufen. Ob die Weintrauben im Angebot knackig oder schon angeschimmelt sind, zeigt sich erst bei der Lieferung. Besonders ärgerlich ist das beim Bestellen von Postkarten, denn todsicher bekommen die im Trakt Inhaftierten die gesammelten Ladenhüter, das Kitschigste und Geschmackloseste, was die anderen Gefangenen übriggelassen haben.

Trotzdem zelebriere ich den Tag, an dem der Einkauf ausgehändigt wird. Die erste Tasse Kaffee aus der neuen Lieferung, die erste Zigarette vom neuen Tabak, eventuell ein paar Kekse aus der Luxusreserve oder ein Spritzer des Rasierwassers, das ich mir diesmal unsinnigerweise geleistet habe. Alles wird mit sehr viel Bedacht und offenen Sinnen konsumiert, so als wäre es das erste oder das letzte Mal.

Die Beträge, für die die im HS-Trakt Inhaftierten einkaufen dürfen, unterscheiden sich von Knast zu Knast und je nachdem, ob einer noch Untersuchungsgefangener oder bereits zur Arbeit verpflichteter Strafgefangener ist. In Stammheim dürfen die in U-Haft einsitzenden Traktbewohner alle 14 Tage Waren und Genußmittel für maximal 150 Mark einkaufen. Für die bereits verurteilten Strafgefangenen im Trakt sieht es wesentlich schlechter aus. Da dort nur Zellenarbeit erlaubt ist, meist stupide Arbeiten wie Kartonfalten oder Kugelschreiber zusammendrehen, weigern sich so gut wie alle aus politischen Gründen Inhaftierten, Knastarbeit zu machen. Sie dürfen dementsprechend nur in Höhe des «Sozialsatzes» einkaufen, und der beläuft sich auf etwas weniger als 40 Mark im Monat, was für Tabak und Kaffee nicht ausreicht. Natürlich versuchen sich die Gefangenen gegenseitig mit dem Nötigsten auszuhelfen, aber das geht nur dann, wenn es zumindest einen Beamten gibt, der bereit ist, die Augen zuzudrücken. Das kommt leider sehr selten vor.

KUCHENSPERRE

Jedem Untersuchungsgefangenen steht es laut Gesetz zu, dreimal im Jahr ein Paket von seinen Verwandten geschickt zu bekommen. Das Weihnachtspaket darf fünf Kilo schwer sein, das Osterpaket maximal drei Kilo, ebenso wie das Jahres- bzw. Wunschpaket. Für einen im Hochsicherheitstrakt einsitzenden Gefangenen sind diese Pakete noch wichtiger als für die unter «normalen» Haftbedingungen Inhaftierten. Das wissen auch Justitias Bedienstete, und so wird immer wieder versucht, die nach 129a Inhaftierten vom Paketempfang auszuschließen. Begründet wird das, wie gehabt, zumeist mit der Gefährdung der Sicherheit, weil im Paket weiß Rebmann was eingeschmuggelt werden könnte.

In den meisten Knästen wurden für die HS-Gefangenen gesonderte Listen erstellt, in denen aufgeführt ist, was geschickt werden darf und was nicht. Ausgeschlossen sind zum Beispiel frische, nicht professionell verpackte Lebensmittel, Wurst, alle Dosen und Tuben, in undurchsichtiger Verpackung befindliche Produkte, Gläser, Zigarettenschachteln, gefüllte Schokoladen und Pralinen und alle Sorten selbstgebackener Kekse und Kuchen. Die Begründungen, warum unter HS-Bedingungen Inhaftierte gerade die leckersten Sachen nicht erhalten dürfen, muten oft abenteuerlich an und sind meist an den Haaren herbeigezogen. Das wirkliche Ziel dieser Beschränkungen ist leicht zu erkennen: Jeder sinnlich erfahrbare Beweis von Zuneigung könnte der Staatsschutzlogik zufolge den Inhaftierten in seiner justiz- und gesellschaftsfeindlichen Haltung stärken, also darf er nur unpersönliche Konfektionsware erhalten. So sind sogar die Geschmacksknospen der Inhaftierten zum Teil der Auseinandersetzung zwischen dem Staat und seinen erklärtesten Gegnern geworden.

Übrigens dürfen die wenigsten Gefangenen in den Hochsicherheitstrakten, gleich ob sie noch Untersuchungs- oder schon Strafgefangene sind, Privatkleidung tragen. Aber auch dort, wo dieser minimale Rest der Persönlichkeitsgestaltung noch erlaubt ist, ist das Einbringen von Selbstgestricktem und/oder Selbstgeschneidertem untersagt. Angeblich kann in selbstgefertigte Kleidung etwas miteingenäht oder eingestrickt werden. Daß eine handwerklich halbwegs geschickte Person auch fertig gekaufte Kleidungsstücke präparieren könnte, liegt auf der Hand. Aber auch hier geht es in erster Linie darum, den Ausdruck individuellen Lebensgefühls und die erfahrbare, fühlbare Solidarität zu unterdrücken.

DIE ZELLE

Die Zellen in den Hochsicherheitstrakten unterscheiden sich in vieler Hinsicht von den Hafträumen der im «Normalvollzug» inhaftierten Gefangenen. Einzig in der Größe entsprechen die Hochsicherheitszellen der Norm dessen, was der bundesdeutsche Vollzug für menschenwürdig hält: zwischen 8 und 10 Quadratmeter Grundfläche. Zum Vergleich: Gemäß einer Verfügung über die Unterbringung von Polizeihunden sollen deren Zwinger im Einklang mit dem Tierschutzgesetz nicht weniger als 18 Quadratmeter haben.

Rein äußerlich unterscheiden sich Hochsicherheitszellen von Normalvollzugszellen bereits durch die Zellentür. Die Türen in älteren Gefängnissen sind teilweise noch aus dicken Hartholzbohlen, in den Neubauten sind es zumeist doppelwandige Stahltüren. Alle Türen, im Trakt wie im normalen Knast, haben Klappe und Spion gemeinsam. Die Klappe dient der Essensausgabe bzw. zum Hinein- oder Herausreichen von Gegenständen, ohne daß dafür die Tür geöffnet werden muß. In den Trakten sind die Essensklappen allerdings oft doppeltürig, d. h., nach einer äußeren Stahlklappe kommt eine zweite, in die eine Panzerglasscheibe zum Beobachten des Zelleninneren eingelassen ist. Darüber hinaus gibt es in vielen Trakttüren noch zwei weitere Klappen, eine, die horizontal in Augenhöhe verläuft, und eine senkrechte, die in 20 bis 30 Zentimeter Höhe über dem Boden beginnt. Hinter diesen zusätzlichen Klappen befindet sich eingelassenes Panzerglas. Zusammen mit dem Weitwinkelspion, der in Trakttüren obligatorisch ist, erlaubt dieses Klappensystem einen vollen Überblick über die gesamte Zelle, tote Winkel gibt es keine.

Während in Normalvollzugszellen heute bereits vielerorts das Licht vom Inhaftierten innerhalb der Stromzeiten selbst an- oder ausgeschaltet werden kann, befindet sich bei den HS-Zellen der Schalter in aller Regel außerhalb der Zelle. So müssen Gefangene, die ansonsten kein Wort mit den Justizbeamten reden, ständig darum bitten, daß das Licht angeschaltet wird, wollen sie nicht abends und an fahlen Wintertagen im Dunkeln sitzen.

Gleiches gilt für die Steckdosen, die aber in HS-Zellen ohnehin eher die Ausnahme sind.

In den Beobachtungszellen der Isolationstrakte ist selbst das Ziehen der Toilettenspülung und das An- bzw. Abdrehen des Wasserhahns nur von außerhalb der Zelle möglich.

Wände, Böden und Decken unterscheiden sich bei allen HS-Zellen von denen für den Normalvollzug. Neben der Armierung durch engmaschige Baustahlnetze in den Wänden, die Ausbrüche erschweren sollen und als willkommenen Nebeneffekt aus der Zelle einen Faradayschen Käfig machen, sind die HS-Zellen mit einem Spezialverputz ausgekleidet, der sich beim Aufkratzen oder Abplatzen in seinen tieferen Schichten verfärbt. Damit soll neben Wanddurchbrüchen auch das Anlegen von Verstecken in den Wänden oder der Decke verhindert werden.

Auch die Möbel unterscheiden sich von allem, was sonst in Gefängnissen die Zellen füllt. In den meisten Fällen sind HS-Zellen mit eigens dafür hergestellten Vollplastikmöbeln ausstaffiert, ohne Hohlräume, mit abgerundeten Kanten, also ohne scharfe Ecken und mit glatten Unterseiten. Die Schränke haben keine Rückwand, das Bett keinen Rahmen, in dem die Matratze Halt finden könnte. All das soll das Anlegen von Verstecken verhindern. Waschbecken und Toilette sind ebenfalls Spezialanfertigungen, in

Stammheim zum Beispiel in einem Stück aus Nirosta-Stahl getrieben, so daß es auch hier keinen zugänglichen Hohlraum gibt.

Die Fenster in HS-Zellen sind zweifach vergittert, Sichtblenden verhindern den Ausblick. Begründet wird dies mit der Befürchtung, die Gefangenen könnten untereinander oder nach draußen Kontakt aufnehmen oder sich wechselseitig etwas von Haftraum zu Haftraum zupendeln. In Stammheim und einer Reihe anderer HS-Trakte sind vor den Gittern noch zweilagig Fliegendrahtmatten gespannt. Wer aus solchen Zellenfenstern blickt, hat ein Bild von seiner Umgebung, wie es vielleicht Insekten von der Welt haben. Das Bild ist so feinrasterig zersplittert, daß alles nur noch schemenhaft zu erkennen ist. Man kann zwar Bewegung wahrnehmen, aber ein Pferd nicht von einem Menschen oder einem Auto unterscheiden.

Abgesehen von dieser optischen Sperre ist in keinem Zellenfenster der zu öffnende Teil größer als 50 × 50 Zentimeter, was besonders an schwülen oder heißen Tagen zu einem schier unerträglichem Hitzestau führt. In einigen HS-Zellen, die an Klimaanlagen angeschlossen sind, sind die Fenster gar nicht zu öffnen, um auch den akustischen Abschluß von der Umwelt perfekt zu gewährleisten. Wegen der Sichtblenden bzw. des Fliegendrahts dringt nie genug Tageslicht in die Zellen, um ohne künstliche Beleuchtung auskommen zu können.

In so gut wie allen Trakten sind die Zellen von eingelassenen Neonröhren beleuchtet. Fast alle längere Zeit im Trakt Inhaftierten haben gegen diese Art der Beleuchtung protestiert, da sie auf Dauer Kopfschmerzen verursacht und die Sehkraft schädigt. Aber erst nachdem vom Augenarzt festgestellt wurde, daß die Sehkraft einiger Gefangener wirklich rapide zurückging, wurden in Ausnahmefällen Warmton-Glühbirnen erlaubt. Auch das monotone Summen der Spannungswandler der Neonröhren wirkt auf die Dauer entnervend, zumal dort, wo es außer dem eigenen Atem das einzige fremde Geräusch ist.

Manchmal werden HS-Zellen Besuchern von außerhalb der Haftanstalten gezeigt, um durch einen kurzen optischen Eindruck zu belegen, daß die Behauptungen der Gefangenen über ihre Unterbringung frei erfunden sind. Leider funktioniert dieses Spielchen nur zu oft. Für den flüchtigen Betrachter, der auf ein paar Minuten in so eine Zelle geführt wird – die Tür bleibt dabei meist auf –, bietet sich das Bild eines sauberen, aufgeräumten Raumes, der in etwa einem Krankenhauszimmer gleicht. Die Horrorqualitäten dieser Spezialzellen erschließen sich nur dem, hinter dem die Türen für unbestimmte Zeiten zufallen.

HAFTMASCHINE

Manchmal kann ich es einfach nicht fassen. Wieso funktioniert diese Maschinerie so reibungslos und effizient, als würde es sich darum handeln, Tiere für die Zeit bis zur Schlachthofreife einzupferchen? Keiner der Wächter, der diese Arbeit wegen ihrer Unmenschlichkeit ablehnen würde. Es ist alles so untergliedert und in einzelne Arbeitsgänge zerlegt, daß keinem Beamten zuviel zugemutet wird. Der eine schließt nur die Zellentüren auf und zu, der zweite verteilt die Zeitungen und die Post, der dritte gibt das Essen aus, und bei unangenehm direkter Konfrontation mit dem Inhaftierten sind immer mehrere auf einmal anwesend. Zweifel, Fragen oder gar Schuldgefühle können so kaum aufkommen.

Aber auch ich als von allen Maßnahmen Betroffener finde mich doch erstaunlich ruhig in meine Rolle ein. Ich springe nicht jedem von diesen Typen ins Gesicht, die mich unter menschenunwürdigen Bedingungen langsam zum Wahnsinn treiben. Meine Rationalität verhindert das, weiß ich doch, daß die, die das Programm vollstrecken, nicht die eigentlichen Urheber sind. Natürlich wahre ich Distanz gegenüber meinen Bewachern... und komme ihnen damit entgegen, denn diese Distanz verhindert auch, daß sie sich je wirklich damit auseinandersetzen müssen, daß ich leide.

Meine Wut ist ohnmächtig, lautlos und richtet sich nach innen. Vielleicht wäre es besser, wenn ich alles zerschlagen würde, die wenigen Habseligkeiten und die Zelleneinrichtung, soweit sie nicht unzerstörbar ist. Auch daran hindert mich die Einsicht in die Vergeblichkeit. Flippe ich aus, werde ich gemäß Paragraph XYZ des Strafvollzugsgesetzes zur Beobachtung in eine Beruhigungszelle verlegt und zur Not gefesselt, ein einfacher Verwaltungsvorgang, ein Aktenvermerk, nichts weiter. Die Maschine ist perfekt, es gibt weder Lücken noch einen Ausweg. Also gehen wir eine Symbiose ein, meine Kerkermeister und ich. Gleich aufeinander abgestimmten Zahnrädern greifen unser Handeln und unsere Bewegungen ineinander, ohne daß es jedoch etwas gibt, was uns in irgendeiner Form verbinden würde.

Aus ihrer Sicht bin ich der besonders gefährliche Kriminelle, der unter diesen Bedingungen gehalten werden muß, weil er jedes Zugeständnis an Bequemlichkeit, Individualität oder informativem Austausch dazu benutzen würde, sich zu befreien oder bei der Begehung neuer Verbrechen zu helfen. Aus meiner Sicht sind sie willenlose Marionetten, eigentlich nicht verantwortlich für das, was sie tun, und unfähig zu verstehen, was mich bewogen hat zu tun, was ich tat – wohl wissend, daß diese Art Haft die Konsequenz sein würde. Die unsichtbare Grenze zwischen uns, die den berührungs- und regungslosen Umgang miteinander erst ermöglicht, wird von keiner Seite überschritten, wenn es nicht unbedingt sein muß.

Wir sprechen verschiedene Sprachen, sie reden von Verwaltungsverfügungen, ich nenne es Willkür, sie vollziehen eine richterliche Weisung, die für mich die psychologische Folter weiter perfektioniert. Sie haben klare Weisungen und sind durch den Beamteneid zum Gehorsam verpflichtet, ich bin zu stolz, um sie auch nur merken zu lassen, daß ihr Handeln mir weh tut. Wir sind Gefangene, jeder auf seine Weise.

«POLITISCHE» UND «KRIMINELLE»

Den besonderen Haftbedingungen der Hochsicherheitstrakte sind zunehmend nicht nur Gefangene aus politisch motivierten Gruppen unterworfen. Auch für «gewöhnliche Kriminelle», die nach Meinung von Richter oder Anstaltsleitung für den «Normalvollzug» nicht geeignet sind, ist der HS-Trakt immer häufiger die Endstation.

Es gibt grob unterschieden zwei Kategorien von Normalgefangenen, die im Trakt landen: zum einen diejenigen, die als renitent oder aufrührerisch gelten, die versucht haben, auszubrechen oder eine Meuterei anzustiften, und diejenigen, die der Kategorie «Organisiertes Verbrechen» zugerechnet werden und deswegen als besonders gefährlich gelten. Auch zu Brutalität neigende Gefangene werden in die Trakte gesperrt. Was bei den «Politischen» kurz und knapp «Unterbringung gemäß Paragraph 129a» heißt, wird bei den wegen nur-krimineller Delikte Inhaftierten etwas geschraubter «besondere Unterbringung zur Aufrechterhaltung der Sicherheit und Ordnung in der Haftanstalt» genannt.

Diesen «Normal»-Gefangenen wird von den Beamten gedroht, daß jede Kontaktaufnahme mit den «Politischen» den Aufenthalt im Trakt verlängert und Disziplinarstrafen nach sich zieht. Von einigen Beamten wird das Klima des Mißtrauens zwischen den beiden Gefangenengruppen noch dadurch geschürt, daß sie versuchen, den «Kriminellen» weiszumachen, eigentlich seien die «Politischen» an den schlimmen Haftbedingungen im Trakt schuld, denn sie hätten alle Lockerungen und Zugeständnisse sofort mißbraucht. Abgesehen von den Haftbedingungen und der Knastarchitektur, die es schon schwierig genug machen, überhaupt einmal Kontakt zu einem anderen Gefangenen aufzunehmen, ist es vor allem diese Taktik der Vollzugsbeamten, die eine Solidarisierung zwischen den unterschiedlichen HS-Gefangenen verhindert.

Neben diesen beiden Gruppen von Traktbewohnern gibt es auch noch die Spitzel und Denunzianten. Meist werden diese Gefangenen zu ihrer Spitzeltätigkeit mit Lokkungen oder Drohungen erpreßt. Manche wurden im Gefängnis mit Drogen erwischt, was normalerweise zu einem Verfahren und damit zu weiterer Haft führen würde. Manchem labilen Gefangenen, dessen Verfahren noch ausstand, wurde eine mildere Strafe versprochen, wenn er sich zum Spitzeln hergäbe. Fast immer, wenn den im Trakt inhaftierten Gefangenen aus politischen Gruppen der Hofgang mit anderen Gefangenen erlaubt wird, handelt es sich um solche Spitzel.

Auch Gefangene, die wegen Brutalitäten aufgefallen sind, werden solchen speziell zusammengestellten Freistundengruppen zugeteilt. Wenn sie «nur» gegenüber den aus politischen Gründen Inhaftierten brutal werden, sehen die Beamten meist weg. Wehren sich die Politischen aber erfolgreich, werden sie wegen Angriffs auf Mitgefangene mit Disziplinarstrafen belegt. Die Behauptung, daß selbst die Belegung der Trakte und die Zusammenstellung von Hofganggruppen von BKA-Psychologen unter Gesichtspunkten wie Destabilisierung oder Dissoziation vorgenommen wird, ist bis heute unbewiesen – aber auch unwiderlegt.

KLEINGRUPPENISOLATION

In einigen wenigen Trakten in der Bundesrepublik sind die Gefangenen aus der RAF in Kleingruppen von zwei bis höchstens fünf Personen isoliert. Von allen anderen Gefangenen sind sie völlig abgeschlossen, haben aber begrenzt und überwacht Kontakt zueinander. Solche Kleingruppen gibt es im Lübecker Frauengefängnis, in der Männerhaftanstalt Celle und in Bruchsal. Sie wurden als Reaktion auf die Hungerstreikaktionen der RAF-Gefangenen zugestanden, zum einen, um die Öffentlichkeit nicht durch weitere Hungerstreiktote aufzubringen, zum anderen wahrscheinlich auch deshalb, um zu beobachten, wie weit die Haftbedingungen in den Trakten sich auf die Interaktionsfähigkeit der Gefangenen untereinander auswirken. Für die Gefangenen ging es bei den Hungerstreiks jedoch nie um die Durchsetzung von Kleingruppen, sondern immer um eine Zusammenlegung von auf Dauer interaktionsfähigen größeren Gruppen, um so die individuelle und kollektive Identität bewahren zu können.

Da sich die in Kleinstgruppen gemeinsam isolierten Gefangenen – offenbar entgegen der behördlichen Erwartung – nicht heillos untereinander zerstritten, wurden in den achtziger Jahren keine neuen Gruppen mehr eingerichtet. Bei den noch bestehenden wurde die durch Entlassung reduzierte Anzahl der Gefangenen nicht durch neu Aufgenommene ausgeglichen. Bundesanwaltschaft und Bundesjustizministerium haben offen erklärt, daß sie unter gar keinen Umständen bereit sind, einer Zusammenlegung von RAF-Gefangenen zuzustimmen, auch wenn es weitere Hungerstreiktote geben sollte.

Die Tatsache, daß es nach außen in den Kleinstgruppen

zu keinen Aggressionen untereinander kam, bedeutet natürlich nicht, daß diese Form der Isolation weniger zerstörerisch ist als die Isolation in Einzelhaft. Wer tagein, tagaus nur zu immer dem gleichen kleinen Kreis von Personen Kontakt hat, leidet auf Dauer genauso unter Reizentzug, nur daß dieser Vorgang noch unmerklicher, weil zeitlich gedehnter vonstatten geht. Irgendwann hat man über alles gesprochen, kennt die Positionen des oder der anderen bis ins kleinste Detail, und die Sprachlosigkeit hält Einzug, auch wenn es gelingt, die Abläufe untereinander durch strikte Selbstdisziplin scheinbar aggressionsfrei zu halten.

Im Grunde setzt sich in der Kleinstgruppe dieselbe Situation fort, die auch draußen den Zusammenhalt im Untergrund garantierte. Die äußere Bedrohung des Ichs durch die Haftbedingungen und die Außenisolation verhindern in den meisten Fällen eine kritische Reflexion des eigenen Handelns. Abweichende Meinungen, die den mühselig gewahrten kollektiven Zusammenhalt gefährden würden, können nicht geduldet werden und kommen wegen der durch die äußere, bedrohliche Situation geschürten Ängste meist auch gar nicht auf.

ICH ODER WIR?

Wer im Hochsicherheitstrakt inhaftiert wird, entwickelt seine eigene Logik, um eine eigentlich unerträgliche Haftsituation erklärbar und aushaltbar zu machen. Die nur als feindlich zu empfindende Situation ist in ihrer Hoffnungslosigkeit nur dann erträglich, wenn sich der Gefangene als Teil eines größeren Zusammenhangs empfinden kann, einer Art übergeordneter Wirklichkeit, die das Dasein als Gefangener nur temporär erscheinen läßt.

Ich bin Mitglied der Roten Armee Fraktion, einer antiimperialistischen Stadtguerilla, die den Staat Bundesrepublik Deutschland bekämpft, weil dieser an der Seite des US-Imperialismus das eigene Volk unterdrückt und die Völker der Dritten Welt ausbeutet. Weil ich Teil dieses Kampfes war und bin, hat mich dieser Staat als Quasi-Geisel gefangengenommen und mir diese unmenschlichen Haftbedingungen auferlegt. Damit will er mich zerbrechen, meine Persönlichkeit zerstören und mir meine politische Identität rauben. Jedes bißchen Entgegenkommen, das ich in dieser Situation zeige, wird er als Zeichen der Schwäche auslegen und gegen mich und meine Genossen wenden. Für mich kann es keine individualistische Lösung geben, mein einziger Rückhalt ist das Kollektiv, der Zusammenhalt mit den anderen Gefangenen aus der Gruppe und die Fortführung des gemeinsamen Kampfes, selbst unter diesen reduzierten Bedingungen. Bei allem, was ich tue und wozu ich arbeite, darf ich nie die gemeinsame Zielsetzung aus den Augen verlieren. Auch und gerade dann, wenn ich die Aktionen der Genossen draußen im Untergrund einmal nicht verstehe oder mir die Art ihrer Durchführung als ungerechtfertigt hart erscheint, muß ich doppelt aufpassen, nicht in denunziatorische Zweifel zu verfallen, die mir nicht weiterhelfen und der Sache schaden. In meinem Auftreten, sowohl im Trakt als auch vor Gericht oder gegenüber den Anwälten und Besuchern, muß ich die Gruppe und den kollektiven Zusammenhalt vertreten. Jede Blöße und Schwäche wendet sich in der Konsequenz gegen mich und macht auch den Genossen das Überleben im Trakt schwerer. Weder in Briefen noch in Gesprächen darf ich an meiner Zugehörigkeit zur Gruppe den geringsten Zweifel lassen, denn nur von der Gruppe kann ich Solidarität und Befreiung erwarten. Entscheidungen, zum Beispiel über die im Prozeß einzuschlagende Verteidigungslinie oder über die Themen, zu denen ich etwas erarbeiten will, muß ich im Einvernehmen mit dem Kollektiv fällen. Nur indem ich fest zu den Zielen der Gruppe stehe, kann ich mir meine Identität und die Hoffnung auf eine Veränderung der Situation bewahren. Außerhalb des kollektiven Gruppenzusammenhangs gibt es nur Vereinzelung, Verfall und Verrat.

So kurzschlüssig diese Logik auch für den Außenstehenden sein mag, für den Gefangenen im Trakt ist sie der letzte Strohhalm. Auf eine nur noch pervers zu nennende Art und Weise verfestigt der Trakt den Gruppenzusammenhalt, den zu bekämpfen er vorgibt. Dem Gefangenen bleibt nur die Wahl zwischen Kapitulation, was gleichbedeutend ist mit Selbstzerstörung und Aussichtslosigkeit, und dem krampfhaften Festhalten am einzigen für ihn noch erfahrbaren Rück- und Zusammenhalt, an der Gruppe und ihren Zielen.

Der Trakt greift dich nicht nur in deiner Identität an, er verändert auch dein Wahrnehmungsvermögen und beeinflußt deine Möglichkeiten, dich mit Menschen von draußen auseinanderzusetzen. Du drinnen und die draußen, das sind getrennte Welten, verbunden vielleicht noch durch einen dünnen Faden gemeinsamer Vergangenheit.

Wie oft verzweifelst du darüber, keine Worte zu finden, die zu vermitteln vermögen, was hier mit dir geschieht. Du willst kein Mitleid, und du wehrst dich dagegen, nur von draußen zu bekommen, erzählte Erlebnisse, Vorschläge zum Lesen, Ermunterung, eine bestimmte Arbeit weiterzuführen, und nichts von drinnen geben zu können. Und wenn du das ansprichst, versichern dir alle, daß das Verhältnis gar nicht so einseitig sei, daß du in vieler Hinsicht für die draußen eine Hilfe seist und mit großer Sensibilität oft Probleme erfassen würdest, die denen draußen mangels Distanz erst wesentlich später aufgehen. Du kannst dich nicht entscheiden, ob du das glauben sollst oder ob es sich dabei nur um eine Art verbaler Beruhigungspille handelt.

Du willst immer genauer wissen, wer wie zu dir steht, wirst dabei haarspalterisch und erreichst doch nur, daß zur schon vorhandenen Unsicherheit neue dazukommt. In jedem Rückschlag in deinen Beziehungen zu den Freundinnen und Freunden draußen siehst du eine Bestätigung deiner wachsenden Beziehungsunfähigkeit. Auch der Hinweis der Freunde, daß das Auf und Ab in Beziehungen ganz normal sei und auch draußen stattfinde, vermag dich nicht zu überzeugen. Du beginnst dich abzukapseln und sogar darüber nachzudenken, ob es nicht besser wäre, alle Verbindungen nach draußen zu kappen.

Irgendwann kommst du darauf, daß sich diese Ambivalenz gerade daraus ableitet, daß einige dieser Beziehungen sehr schön und intensiv sind. Denn gerade was du als schön, voller Zärtlichkeit und Intensität erlebst, ist doppelbödig, weil es Sehnsüchte und Hoffnungen weckt und dir so alle Mängel und Härten deiner Situation doppelt bewußtmacht. Liebe und Zuneigung unter Staatsschutzüberwachung, Blicke und Gesten während der Verhandlung, bei der die Freunde zu fast allen wichtigen Terminen erscheinen, um dir den Rücken zu stärken, die liebevoll ausgesuchten Postkarten und Bücher, all das tut gut, gibt Kraft und schwächt zugleich, denn es macht dich verletzlich in einer Situation, wo es keine Möglichkeit gibt, das Tief oder die Schwäche durch Gespräche aufzufangen.

Auch das versuchst du auszudrücken und aufzuschreiben, aber jedesmal bleibt das Gefühl, daß es dir nicht gelungen ist wiederzugeben, was wirklich in dir vorgeht. Die scharfe Selbstbeobachtung, die anfänglich eine Schutzfunktion hatte, um rechtzeitig dem Absacken oder Versumpfen entgegenzuwirken, wird zur selbstquälerischen Zeremonie. Und dennoch, solang es noch weh tut, weißt du wenigstens, daß du noch lebst.

FOLTER?

Ist Isolationshaft Folter?

Wer sich diese Frage stellt, muß sich zuerst um eine Begriffsklärung bemühen. Folter, Tortur, die peinliche Befragung, früher ließ sich recht einfach definieren, worum es dabei ging. Dem Opfer wurden körperliche Schmerzen zugefügt; durch Verstümmeln, Augenausstechen, Zerquetschen der Glieder, Beibringen von Brandwunden, Häuten bei lebendigem Leib sollten sie zu Aussagen, Geständnissen und Selbstbeschuldigungen veranlaßt werden. Da in sehr vielen Ländern solche Methoden, inzwischen angereichert durch Elektroschocks und die Ich-Kontrolle reduzierende Medikamente, auch heute noch angewandt werden, muß man mit einer Ausweitung des Begriffs Folter sicher sehr vorsichtig umgehen. Dennoch: es gibt auch Folter ohne körperliche Mißhandlung – vom mittelalterlichen An-den-Pranger-Stellen» bis hin zu «modernen» Methoden, wie z. B. den bereits Gefolterten ihre Schmerzensschreie vom Tonband vorzuspielen, um die Angst zu potenzieren.

Justiz, Polizei oder Geheimdienste, wer immer heute zum Mittel der Folter greift, ist im Rahmen des Möglichen darauf bedacht, alle Spuren seines Tuns zu verwischen bzw. gering zu halten, denn Folter ist dem Image eines Regimes nicht förderlich und wird zumindest verbal international geächtet. Aus diesem Grund ist in den letzten Jahrzehnten eine besondere Variante der Folter entstanden, die Psychofolter oder «weiße Folter». Diese Foltermethoden setzen nicht beim Körper des Opfers an, um seinen Widerstand zu brechen, sie versuchen vielmehr durch psychische Destabilisierung, durch das Bereiten von seelischen Qualen und durch emotionales Verstümmeln ihr Ziel zu erreichen.

Fast immer ist der erste Schritt auf diesem Weg die völlige Isolation des Opfers. Der oder die Betreffende sollen sich nur noch in völliger Abhängigkeit erleben, welche Sinneseindrücke sie erreichen, muß gänzlich der Kontrolle der Psycho-Folterknechte unterliegen. Mit dem Abschneiden von autonom gesuchten sozialen Kontakten, der Zerstörung des Wach-Schlaf-Rhythmus und dem partiellen Entzug von sinnlicher Stimulanz wird die Willenskraft des Opfers langsam zerstört, wird seine Persönlichkeit schleichend deformiert, so daß es am Ende entweder kapituliert und kooperiert oder in den «Selbst»mord getrieben wird.

Die Vorteile dieser Foltermethode liegen auf der Hand. Psychofolter hinterläßt keine beweiskräftigen körperlichen Spuren, kann sehr viel genauer ansetzen und «dosiert» sowie kontrolliert werden, entlastet die Folterknechte seelisch und moralisch und ist von politischen Gegnern nur sehr schwer angreifbar. Wissenschaftler und Forscher, die die Grundlagen für die psychologische Folter erarbeitet haben, hatten in den meisten Fällen keine Ahnung, wozu ihre Arbeit mißbraucht werden sollte. Immer neue und weiter verfeinerte psychologische Interventionsmethoden, die ursprünglich zur Heilung psychisch Kranker gedacht waren, haben inzwischen Eingang in das Arsenal der modernen Folterknechte gefunden.

In diesem Sinn kann es auf die Eingangsfrage nur eine Antwort geben: Andauernde Isolationshaft ist Folter!

HUNGERSTREIK UND HOCHSICHERHEITSTRAKT

Seit in Deutschland Gefangene in Hochsicherheitstrakten eingekerkert wurden, gibt es drinnen und draußen Widerstand gegen diese unmenschliche Haftform. Junge Menschen haben demonstriert, Solidaritätsparolen mit der RAF an Häuserwände gesprüht, Sitz- und Hungerstreiks vor dem Bundesgerichtshof organisiert und dabei oft kaum etwas von den wirklichen Vorgängen in den Trakten gewußt. Die Gefangenen drinnen haben diese Zeichen der Solidarität häufig falsch interpretiert, sie fühlten sich in ihren politischen Ansichten bestätigt, obwohl die draußen meist eher aus moralischer Empörung gegen die unmenschliche Hochsicherheitshaft protestierten.

Den Gefangenen selber blieb nur eine Form des Widerstands, nämlich der kollektive Hungerstreik. Zweimal gab es infolge solcher Aktionen Tote. Holger Meins starb, weil ihm zuwenig Kalorien zugeführt wurden, an Auszehrung. Siegurd Debus kam wahrscheinlich infolge einer mit Brachialgewalt durchgeführten Zwangsernährung ums Leben.

Für die Bundesanwaltschaft und das Bundeskriminalamt waren die Hungerstreiks der RAF-Gefangenen schlicht Erpressungsversuche oder Mittel zum Zweck neuer Rekrutierungen. Daß diese Sicht der Dinge viel zu kurz greift, kann wohl jeder ermessen, der sich fragt, wie verzweifelt Menschen sein müssen, wenn sie über Tage und Wochen auf den Tod zuhungern.

Es ist kaum zu leugnen, daß die RAF und ihre Unterstützer die Hungerstreiks in den Trakten auch immer propagandistisch auszunutzen wußten. Das war allerdings nur möglich, weil es den Gefangenen in den Gefängnissen wirklich ernst damit war, auch den eigenen Tod in Kauf zu nehmen, um die Situation für alle zu bessern. Wenn man den Persönlichkeitsverfall und das Langsam-wahnsinnig-Werden an der eigenen Person bemerkt oder bei einem nahestehenden Genossen verfolgen kann, kann man schnell dahin kommen, wenigstens dieses letzte Kapitel von außen aufgezwungener Destruktion in einen letzten Kampf, eine allerletzte Rebellion umzumünzen.

In den Hungerstreik zu gehen erfordert eine ungeheure Willensstärke – einerseits –, andererseits haben es viele an Hungerstreiks beteiligte Gefangene als echte Erlösung empfunden, endlich wieder selbstbestimmt zu handeln, sich sowohl als Subjekt wie auch als Teil des Kollektivs zu erfahren. In diesem Sinn gibt der Hungerstreik auch Kraft und setzt Phantasie frei, die bereits von der Monotonie des Haftalltags in den Trakten verschüttet war. Wieder Handelnder und nicht mehr nur Opfer zu sein, dem lautlosen Psychohenker zumindest die Entscheidung über den eigenen Tod aus der Hand genommen zu haben, hat vielen Hungerstreikenden die Kraft gegeben, bis nahe ans Verhungern durchzuhalten.

Die Behauptung aus Sicherheitskreisen, die RAF-Führung habe zynisch mit dem Tod untergeordneter Chargen kalkuliert, ist mehr als absurd und ihrerseits zynisch. In den Hungerstreik zu gehen ist eine Sache, das kann man gemeinsam beschließen. Im Hungerstreik zu bleiben, auch wenn der Körper anfängt, sein Absterben deutlich zu signalisieren, kann einem keiner befehlen, dazu muß man durch die Qualen einer als unerträglich empfundenen Haft motiviert sein.

Überall auf der Welt ist der Hungerstreik das letzte Mittel des Gefangenen, sich gegen eine unmenschliche Haft zur Wehr zu setzen. Die eigenen Lebenskräfte durch das Verweigern von Nahrung langsam austrocknen zu lassen erfordert die denkbar größte Härte gegen sich selbst. Deswegen wird in vielen Ländern und Kulturen der Hungerstreik als durchaus achtenswerte Form der Selbstbehauptung betrachtet, selbst dann, wenn es ansonsten kaum Zustimmung für die Ziele des oder der Hungerstreikenden gibt.

Nicht so in der Bundesrepublik, hier fiel denjenigen, gegen deren Maßnahmen sich die Hungerstreiks richteten, nichts anderes ein, als immer wieder lautstark und aggressiv zu betonen, man werde der Erpressung keinesfalls nachgeben. Um die Hungerstreiks der Gefangenen aus den Hochsicherheitstrakten zu brechen und ad absurdum zu führen, wurde von Anfang an das Mittel der Zwangsernährung angewandt.

Die Zwangsernährung ist ein barbarischer Akt. So wie der Hungerstreik das letzte Mittel der Gefangenen ist, um auf ihre Situation aufmerksam zu machen und öffentlichen Druck zu erzeugen, damit sie sich ändert, ist die Zwangsernährung das allerletzte Mittel staatlicher Repression, den unbeugsamen Willen des oder der Gefangenen doch noch zu brechen.

Der meist schon ausgemergelte und kraftlose Gefangene wird gefesselt, und der Mund wird mit einem Holz- oder Gummikeil gewaltsam geöffnet, um einen Schlauch einführen zu können und den wehrlosen Gefangenen wie eine Mastgans mit einem Kalorienbrei vollzustopfen. Die Zwangsernährung kann auch durch die Nase über einen dünneren Schlauch erfolgen, doch ist dabei die Gefahr von inneren Verletzungen noch größer, und die gesamte Prozedur dauert wesentlich länger. Möglich ist theoretisch auch die intravenöse Ernährung, doch auch hier ist die Gefahr, daß es zu Komplikationen wie zum Beispiel zur Thrombosebildung kommt, sehr hoch.

Die Durchführung der Zwangsernährung überließ die Justiz den Ärzten. Unvermittelt sahen diese sich mit einer schwerwiegenden Entscheidung konfrontiert: War der erklärte Wille des Gefangenen zu respektieren oder mußte dieser Wille durch die Folgen der Unterernährung bereits als so weit eingeschränkt gelten, daß die Zwangsernährung gerechtfertigt erschien? Besonders für die externen Ärzte, die meist erst hinzugezogen wurden, wenn der körperliche Zustand des Gefangenen den Tod befürchten ließ, ergaben sich aus dieser Zwangslage kaum lösbare moralische Probleme.

Sogar viele Gefängnisärzte und Sanitätsbeamte, sonst nicht gerade zimperlich im Umgang mit Gefangenen, haben es nach einmaliger Teilnahme an einer Zwangsernährung rundweg abgelehnt, daran noch einmal mitzuwirken, selbst auf die Gefahr hin, deswegen disziplinarisch belangt zu werden. Dennoch wurden in beinahe allen Hochsicherheitstrakten kleine Intensivstationen einzig zu dem Zweck eingerichtet, bei einem erneuten Hungerstreik der RAF-Gefangenen die Zwangsernährung sicherzustellen. Daß dennoch inzwischen viele Verantwortliche aus Justiz und Politik Abstand vom Mittel der Zwangsernährung genommen haben, ist wohl weniger der Einsicht als der schlechten Presse zu verdanken, die es für dieses Vorgehen gab.

Solange die Hochsicherheitstrakte mit ihren für die Gefangenen nicht zu ertragenden Haftbedingungen weiterexistieren, wird es wohl immer wieder zu kollektiven Hungerstreiks und auch zu Toten kommen.

VERURTEILT

Wie betäubt sitzt er auf der Pritsche. Natürlich, es war mit keinem anderen Urteil zu rechnen, die Höhe der Strafe stand längst fest, bevor sie heute ausgesprochen und mündlich begründet wurde. Trotzdem, mit dem Urteil «lebenslange Haft» zu rechnen und es dann aus dem Mund eines unbeteiligt klingenden Richters zu hören, sind zwei paar Schuh.

Schon die Tage vor der Verkündung konnte er kaum noch schlafen. Wilde Hoffnungen, es könne vielleicht doch noch anders kommen, und die verzweifelte Gewißheit, daß mit nichts anderem zu rechnen ist als dieser Todesstrafe auf Raten, hatten einander im immer schnelleren Wechsel abgelöst. Aber jetzt war es ausgesprochen, nicht mehr aus der Welt zu schaffen. Morgen würden es die Zeitungen verkünden, und wahrscheinlich war es schon in den Radio- und Fernsehnachrichten publik gemacht worden. «... wurde wegen Mordes und Mitgliedschaft in einer terroristischen Vereinigung vor dem Oberlandesgericht Stuttgart nach 125 Verhandlungstagen zu einer lebenslangen Freiheitsstrafe verurteilt.» So oder ähnlich mochte die Meldung lauten, vorgetragen im sachlichen und emotionsfreien Ton und garniert mit ein paar Bildern, die zeigten, wie er in Handschellen ins Prozeßgebäude geführt wurde.

Jetzt würde er alles dafür geben, mit seiner Freundin oder doch wenigstens mit einem der Anwälte reden zu können. Aber die Urteilsbegründung hatte sich bis in den Nachmittag hingezogen, so daß die Knastbesuchszeiten längst überschritten waren, als ihn die Schließer in den Trakt zurückbrachten. Nun saß er hier in der Zelle und mußte damit zurechtkommen.

Lebenslänglich, bis zum Ende des Lebens, bis zum Tod ... Aber halt. So würde das natürlich keiner sagen. Die juristischen Formulierungen sind fein austariert. Es heißt nicht bis zum Tod, es heißt «nur» lebenslänglich. Aber damit es auch wirklich lebenslänglich blieb, war diese Strafe gleich dreimal gegen ihn verhängt worden. Nur in einem Anklagepunkt hatte sich das Gericht aus Gründen der Optik Milde erlaubt und nur weitere 15 Jahre oben draufgepackt, statt, wie von der Anklage gefordert, noch ein viertes «lebenslänglich» auszusprechen. Ob sie ihm eine zweifache Wiederauferstehung garantieren konnten, damit er die Strafe auch wirklich bis zu Ende auskosten konnte? Mit dem normalen Verstand war diese Strafe gar nicht erfaßbar, was das Gericht da als Urteil verkündet hatte, blieb abstrakt, auch wenn es in seiner ultimativen Bedrohlichkeit dadurch nicht weniger klar war, als hätten sie ihn zum Tode verurteilt.

Ob deswegen auch nur einer der Richter oder Staatsanwälte eine schlaflose Nacht haben würde?

Er konnte beim Gedanken an das Gericht keinen Haß empfinden, nicht einmal Wut kam in ihm auf. Eher bedauerte er es, diese Menschen nicht einzeln befragen zu können, was sie wirklich dazu veranlaßt hatte, ihm das Recht auf ein selbstbestimmtes Leben für immer abzusprechen. Ob sie überhaupt über die Bedeutung dieses Urteils nachgedacht hatten? Was mochten sie dabei empfinden, wenn sie ein solches Urteil über einen leibhaftig vor ihnen stehenden Menschen aussprachen? Er konnte sich das nicht vorstellen, diese Sorte Menschen war ihm schon immer fremd gewesen, jetzt kamen sie ihm vor wie Wesen von einem anderen Stern.

Er stand auf und begann in der halbdunklen Zelle auf und ab zu gehen. Das Neonlicht war längst abgestellt worden, nur noch die auf das Gefängnis gerichteten Scheinwerfer von draußen spendeten dürftiges Zwielicht. Aber er konnte die vier Schritte hin und zurück auch mit geschlossenen Augen gehen. Lebenslänglich und ein Schritt, bis zum Tode und ein Schritt, für immer in dieser Gruft und ein Schritt, nie wieder raus und nie wieder mit der Frau zusammenleben und ein Schritt.

Aus der Assoziation wurde eine sich ständig im Takt der Schritte wiederholende Kette. Er blieb stehen. Hör auf, dachte er, du wirst verrückt, wenn du so weitermachst. Außerdem ist da noch die Revision, für die die Anwälte schon einiges an Material zusammengetragen haben. Er zögerte noch eine ganze Weile, bis er diese neue Hoffnung zuließ. Er ahnte, daß es immer wieder einen Strohhalm geben würde, Revision, Verfassungsbeschwerde, Wiederaufnahmeverfahren, Klage vor dem Europäischen Gerichtshof, Gnadengesuch. Es gab immer eine Möglichkeit, sich aufs neue Hoffnung zu machen, auch wenn die Zerstörung der Person inzwischen unaufhaltsam weitergehen würde. Aber er hatte ja um die Konsequenzen seines Tuns gewußt, bevor er in den Untergrund gegangen war, es gab also niemand, dem er die Schuld geben konnte, außer sich selbst. Irgendwann verlangsamte sich das Gedankenkarussell, schlafen konnte er nicht, aber die Leere in seinem Inneren bot Schutz.

SCHREIBEN IM TRAKT

Mit einer Papierschwalbe über einen riesigen Berg bleierner Zeit? Mit Worten in einem schallisolierten Raum die eigene Sprachlosigkeit überwinden? Die Sätze finden, die das Unbeschreibliche zu beschreiben vermögen? Die kleine Flucht auf dem Papier wagen und dem Stahlbeton einen Traum entgegensetzen?

Ich habe erst im Trakt begonnen, mich bewußt mit der Sprache und dem Schreiben auseinanderzusetzen. Es war ein Akt der Notwehr, um nicht irre zu werden an den Haftbedingungen. Briefe wurden für mich zur wichtigsten Form des Kontakts nach draußen, sie mußten alles transportieren, den Hilferuf genauso wie die Liebeserklärung, die ohnmächtige Wut ebenso wie den Rest an Stolz, vor diesen Bedingungen nicht zu Kreuze gekrochen zu sein. Bald kamen kurze Gedichte und kleine Geschichten hinzu, erste vorsichtige Versuche, wegzukommen von der reinen Zustandsbeschreibung.

Eine der ersten Kurzgeschichten, die ich im Trakt schrieb, handelte von einem Büschel Gras, das es geschafft hatte, den Teerbelag des Freistundenhofs zu durchbrechen. Diese paar grünen Halme inmitten einer «sauberen» Riesenfläche gab es wirklich, genau wie den irritierten Beamten, der dieses anarchische Stück Natur nicht dulden konnte und deshalb bei jedem Hofgang versuchte, den dürren Hälmchen den Garaus zu machen. Mit Zertreten und Ausrupfen kam er nicht zum Ziel, denn die Wurzeln schickten immer aufs neue Boten in Richtung Sonne. So kam er eines Tages mit einem Unkrautvernichter auf den Hof, extra gekauft und aus eigener Tasche bezahlt, um den sterilen Zustand wiederherzustellen.

Für mich war dieser groteske Kampf eines Ordnungsfanatikers gegen den letzten Rest Wildwuchs in seiner Umgebung eine Schlüsselszene. So wie ein paar Grashalme als Bedrohung einer eingeebneten Wirklichkeit empfunden und deswegen vernichtet wurden, so sollten auch meine Phantasie und mein Selbstwertgefühl vernichtet werden. Indem ich diesen Vorgang mit Worten festhielt, begab ich mich aus der Defensive und begann mich zu wehren.

Aber die Auseinandersetzung mit der Sprache und den Möglichkeiten des Schreibens blieb nicht beschränkt auf die bloße Wiedergabe dessen, was um mich herum geschah. Im gleichen Maß, wie ich gezwungen war, meine Individualität zu verteidigen, sah ich mich auch gezwungen, selbstkritisch zu reflektieren, wie ich bisher mit den Worten umgegangen war. Wie glatt waren mir viele Politphrasen von den Lippen gekommen, Sätze, die mit Klempnerlogik die Realität reduzierten, bis die ideologisch verengte Weltsicht einmal mehr bestätigt wurde. Ich begann zu begreifen, daß ich den Kampf gegen die äußere Einengung nur gewinnen konnte, wenn ich mich auch innerlich von jeder Rechtwinkligkeit befreite.

Bei diesem Prozeß mußte ich allerdings das Risiko eingehen, dadurch auch verletzbarer zu werden. Wenn ich Gefühle zuließ, konnte ich auch den Schmerz nicht ausschließen. Mit jedem Stück äußerer und innerer Realität, die ich in Worten einfing und zu Papier brachte, wurde mir auch die Ausweglosigkeit meiner Situation bewußter.

Ich begann, fiktive Geschichten zu schreiben. Zum Teil war diese Entwicklung Flucht vor einer unerträglichen Situation, zum Teil war sie aber auch das Abenteuer der Entdeckung neuer Dimensionen der Phantasie. Da gab es

Ebenen, auf denen die staatlichen Versuche, mich mit Mauern, Gittern und Trennscheiben einzuschließen, nur noch lächerlich wirkten. Schreiben war Befreiung, auch wenn die Worte auf dem Papier nicht unmittelbar etwas zu verändern mochten.

Trotzdem blieb das Schreiben immer eine ambivalente Angelegenheit, doppelbödig schon deswegen, weil mir der Zwang, sich entweder so auszudrücken oder zu verstummen, immer bewußt blieb. Und neue Fragen tauchten auf. Wenn mir zum Beispiel jemand schrieb, ihm habe dieses Gedicht oder jene Geschichte gefallen, konnte ich mir nie sicher sein, ob ihn nicht Mitleid zu dieser positiven Beurteilung motiviert hatte.

Eine Zeitlang wurde das Schreiben zur Manie. Um auch nach dem Abschalten der Zellenbeleuchtung weiterschreiben zu können, türmte ich Tisch und Stuhl auf die Pritsche, um im schmalen Lichtstreifen unter der Decke, den die Sichtblende von der Außenbeleuchtung durchließ, mit Kugelschreiber und Block Gedichte zu formulieren. War nicht jeder Gedanke, den ich nicht zu Papier brachte, unwiderruflich verloren? Schrieb ich anfangs sozusagen um meinen Verstand, bestand jetzt die Gefahr, daß ich mich um den Verstand schrieb.

Aber parallel zu meiner seelischen Achterbahnfahrt folgte auch beim Schreiben dem euphorischen Hoch bald die Depression. Wenn es auf Geschichten oder Gedichte, die für mich wortwörtlich fürchterlich wichtig waren, keine prompte Reaktion von draußen gab, erschien mir das Schreiben sinnlos, denn ich wurde doch offensichtlich nicht verstanden. Aus solchen Tiefs heraus das Gefühl der Ohnmacht zu überwinden und trotzdem weiterzuschreiben wurde von Mal zu Mal schwieriger.

Nach zwei Jahren Trakt gab es zum erstenmal eine

Phase, in der ich einfach nicht mehr wollte. Briefe blieben unbeantwortet, angefangene Geschichten und die Arbeit an einem inzwischen begonnenen Roman blieben liegen, nichts ging mehr. In dieser Zeit habe ich es als quälend empfunden, irgend etwas von dem zu beschreiben, was in mir und mit mir geschah. Aufzuschreiben, daß es mir dreckig ging, schien die Mauer um mich herum nur zu verfestigen. Ich begann statt dessen zu malen. Erst sehr viel später und im Rückblick habe ich festgestellt, daß sich ein ähnlicher Prozeß wie beim Schreiben auch beim Malen wiederholte. Nach starren und streng geometrischen Bildern, die meine Situation reflektierten, kamen zunehmend surrealistische Traumgebilde, gemalte Gedankenfluchtwelten, die jedoch nur für begrenzte Zeit Asyl boten. Am Ende saß ich immer wieder in der Zelle, allein mit meinem Atem und dem Summen der Neonröhre.

Angelangt bei der Erkenntnis, daß ich dem Trakt letztlich nicht entkommen konnte, weder in Bildern noch in Worten, begann ich wieder zu schreiben. Was in der Folgezeit über die Tastatur der Schreibmaschine den Weg aufs Papier fand, war bewußter formuliert, weniger spielerisch und spontan vielleicht, aber dafür auch weniger mit unerfüllbaren Hoffnungen belastet. Ich begann, mich mit den verschiedenen stilistischen Möglichkeiten des Schreibens zu befassen. Ich wollte Wirkung erzielen mit dem, was ich schrieb, also mußte ich lernen, die dafür adäquate Form zu finden.

Im folgenden Jahr habe ich fast alle Gedichte und Geschichten überarbeitet, die bis dahin entstanden waren. Im nachhinein muß ich sagen, daß bei weitem nicht alles, was ich überarbeitet habe, auch besser war als die ursprüngliche Fassung. Bei einigen der Schilderungen, die ich jetzt in dieses Buch übernommen habe, habe ich die erste Fassung gewählt, weil sie die lebendigere war. Trotzdem war es für mich wichtig, mich mit den unterschiedlichen stilistischen Möglichkeiten auseinanderzusetzen. Ich habe in dieser Zeit viel gelesen und dabei Zugang zu den Büchern einer Reihe von Autoren gefunden, die ich bis dahin als langweilig oder zu kompliziert empfand. Was blieb, war das Problem, daß jedes bißchen Sensibilisierung – und sei es auch nur im Umgang mit der Sprache – auch die Schmerzschwelle gegenüber der Unwirtlichkeit meiner Umgebung senkte.

Nein, verhindern konnte das Schreiben nichts. Nicht die psychischen und physischen Folgeschäden der Isolationshaft, nicht die bodenlosen Tiefs noch die Vereinsamung. Dennoch war und ist das Schreiben für mich überlebenswichtig. Für viele der ehemaligen Genossen aus der RAF wurde der Hochsicherheitstrakt im doppelten Sinn zur Falle. Der Trakt verhindert nämlich nicht nur die Einflußnahme nach draußen, er macht auch die selbstkritische Überprüfung des eigenen Standpunkts so gut wie unmöglich. In einer Umgebung, die nicht anders als lebensbedrohlich empfunden werden kann, muß der Gefangene nahezu zwangsläufig an seinem Standpunkt festhalten, um nicht den letzten Rest Halt und Identität zu verlieren. Ich hatte schon vor meiner Verhaftung und Inhaftierung mit dem bewaffneten Kampf gebrochen. Aber erst durch das Schreiben wurde es mir möglich, trotz Isolation im Trakt, trotz eines kaum noch rechtsstaatlich zu nennenden Prozesses gegen mich und trotz aller Ausgeliefertheit und Verzweiflung eine neue Identität aufzubauen. Um beschreiben zu können, was um mich herum war und was mit mir geschah, mußte ich in den Spiegel gucken und erkennen, wieviel ich verkehrt gemacht hatte.

Schreiben im Trakt war ein Drahtseilakt. Jedes Wort, das ich geschrieben habe, wurde vom Gericht, dem Staatsschutz und der Bundesanwaltschaft mitgelesen. Ich war gezwungen, mir genau zu überlegen, ob das, was ich schreibe, niemand anderen belastet oder dabei hilft, die Anklagekonstruktion gegen mich zu stützen. Es war nicht einfach, die Schere im Kopf der Staatsschützer nicht zur eigenen werden zu lassen. Ich saß als «Aussteiger», der nicht bereit war, zum gekauften Kronzeugen zu verkommen, sowieso zwischen allen Stühlen. Es drohte also Gefahr von zwei Seiten. Was der Staatsschutz nicht gegen mich oder andere verwerten konnte, bot vielleicht denjenigen draußen und drinnen Munition, für die ich mit meiner Loslösung von der RAF zum «Verräter» geworden war. Wenn ich dennoch nicht glaube, daß ich mich wegen dieser «Doppelüberwachung» beim Schreiben habe einschränken lassen, dann deswegen, weil das Bewußtsein über die zweifache Gefahr mir geholfen hat, noch genauer zu werden.

Was durch die Jahre hindurch unverändert geblieben ist, auch nachdem ich aus dem Trakt heraus war, ist der Hunger nach Bildern. Wenn die Wirklichkeit ein Monumentalfilm ist, bin ich nicht viel mehr als ein Statist am Rande des Geschehens. Ich werde allerhöchstens ein paar kurze Standbilder beschreiben können. Trotzdem bin ich fest davon überzeugt, daß es alle Mühe wert ist, diese Augenblicke in Worten festzuhalten. Ich lerne dabei immer etwas über mich, und vielleicht gelingt es mir sogar, die Zerstörung von Menschen durch die Isolationshaft so zu beschreiben, daß dieser Prozeß der Entpersönlichung nachvollziehbar wird.

Solange die Hochsicherheitstrakte weiterexistieren, werde ich gegen sie schreiben, denn ich kann und will nichts vergessen. Ich bin dem Trakt entkommen, nicht zuletzt dadurch, daß ich mir mit dem Schreiben einen Weg nach draußen freigekämpft habe. Erledigt ist dieses Thema für mich aber erst, wenn ich in einer Gesellschaft leben kann, die es nicht duldet, daß ihre Herrschaftsform und ihre Gesetze mit subtilen Foltermethoden «verteidigt» werden.

ÜBER DEN AUTOR

Peter-Jürgen Boock wird 1951 in einer Kleinstadt in Schleswig-Holstein geboren. Einige Jahre später siedelt die Familie nach Hamburg über. Mit 16 Jahren macht Boock dort die mittlere Reife und beginnt eine Lehre als Maschinenschlosser. Er engagiert sich in der Gewerkschaftsjugend, nimmt an Demonstrationen gegen die Notstandsgesetze teil und bekommt Kontakt zum Hamburger SDS. Mit seinen Eltern liegt er deshalb in ständigem Streit, und schon 1968 verläßt er endgültig das Elternhaus. Er geht nach Holland und lebt dort in einer Kommune. Schließlich wird er ohne Papiere und im Besitz einer geringen Menge Haschisch von der Polizei aufgegriffen. Nach einem Selbstmordversuch in der Untersuchungshaft wird er in die Bundesrepublik abgeschoben.

Mit Einverständnis der Eltern kommt er in das geschlossene Erziehungsheim Glückstadt, ein Heim für «schwere Fälle». Nach einer Revolte der Heiminsassen wird er in das Erziehungsheim Rengshausen bei Kassel verlegt. Hier lernt Boock die Kaufhausbrandstifter Andreas Baader, Gudrun Ensslin und die Geschwister Proll kennen, die im Rahmen eines studentischen Erziehungsheim-Projektes unter den Jugendlichen die Flucht aus dem Heim propagieren. Er setzt sich nach Frankfurt ab und lebt dort bis zu deren Untertauchen gemeinsam mit den späteren RAF-Gründern in einer Wohngemeinschaft.

In Frankfurt bekommt Boock Kontakt zur Drogenszene und wird selber zunehmend drogenabhängig. Nach der Verhaftung der RAF-Gründer engagiert er sich in Unterstützergruppen für die Gefangenen und geht schließlich Mitte der siebziger Jahre selbst in den Untergrund. Er wird zum Mitglied der «zweiten Generation» der RAF, deren Hauptziel die «Befreiung der Gefangenen» ist. Gemeinsam mit anderen RAF-Mitgliedern absolviert er eine militärische Ausbildung im Nahen Osten. Danach ist er an der Vorbereitung eines Anschlags auf die Bundesanwaltschaft beteiligt. Er konstruiert eine Raketenabschußanlage, die er aber – nach eigenen Angaben vor Gericht – im entscheidenden Moment außer Funktion setzt, wodurch der Anschlag vereitelt wird. Boock ist zu dieser Zeit gesundheitlich stark angegriffen – es besteht der Verdacht auf Darmkrebs – und schwer drogenabhängig.

1977 erschießt die RAF den Bankier Jürgen Ponto, entführt den Arbeitgeberpräsidenten Hanns-Martin Schleyer, ermordet seine Begleiter und später Schleyer selbst. Boock gibt nach seiner Verhaftung zu, für diese Anschläge Autos präpariert zu haben, allerdings ohne Wissen um deren spätere Verwendung. Nach eigenen Angaben war er nach der Schleyer-Entführung auch am Verschicken von Briefen und Ton- bzw. Videobändern der RAF beteiligt. Er bestreitet aber, von den Mordplänen gewußt oder selbst an den Aktionen teilgenommen zu haben.

Nach der Schleyer-Entführung verläßt Boock die Bundesrepublik. 1978 wird er mit drei anderen RAF-Mitgliedern in Jugoslawien verhaftet. Er wird jedoch nicht an die deutschen Behörden ausgeliefert, sondern auf freien Fuß gesetzt. Boock verbringt ein Jahr im Jemen. Um die Jahreswende 1979/1980 setzt er sich schließlich in Paris von der RAF ab, nachdem er schon zuvor intern Zweifel am

Konzept des «bewaffneten Kampfes» geäußert hat. Er kehrt in die Bundesrepublik zurück und arbeitet unter falschem Namen in Hamburg in einem Projekt für arbeitslose Jugendliche.

Im Januar 1981 wird Peter-Jürgen Boock verhaftet. Einen Monat später distanziert er sich in einem «Spiegel»-Gespräch öffentlich von der RAF und warnt vor einer unmittelbar bevorstehenden Aktion der Gruppe. Die Bundesanwaltschaft bemüht sich, ihn als Kronzeugen zu gewinnen, doch er weigert sich, Aussagen über andere RAF-Mitglieder zu machen. Die Verhandlung gegen Boock findet in Stuttgart-Stammheim statt. Daß Boock bei der Ermordung Pontos und der Entführung Schleyers am Tatort war, kann vor Gericht nicht nachgewiesen werden. Bei der Ermordung Schleyers befand er sich nachweislich im Ausland. Dennoch entscheidet das Gericht, daß seine mittelbare Beteiligung an den Aktionen ausreiche, um ihn für sämtliche Morde und die damit zusammenhängenden Verbrechen voll verantwortlich zu machen – auch wenn er sie nicht ausgeführt habe. Denn als Mitglied des inneren Kerns der RAF müsse er notwendig in alle Pläne und Aktionen der Gruppe eingeweiht gewesen sein, sie bewußt mit vorbereitet und von vornherein gebilligt haben. Auch im Zusammenhang mit dem mißlungenen Anschlag auf die Bundesanwaltschaft wird Boock des mehrfachen Mordversuchs für schuldig befunden. Das Scheitern des Anschlags wertet das Gericht als unbeabsichtigtes Versehen.

Am 7. Mai 1984 verhängt das Stuttgarter Oberlandesgericht die bis dahin höchste Haftstrafe in einem Terroristenprozeß gegen Peter-Jürgen Boock – dreimal lebenslänglich und 15 Jahre Haft. Das Strafmaß wird Ende 1986 im Revisionsverfahren auf einmal lebenslänglich reduziert.

Peter-Jürgen Boock sitzt fast vier Jahre in Einzelhaft im Hochsicherheitstrakt in Stuttgart-Stammheim. Während der Haftzeit beginnt er zu schreiben. Er veröffentlicht eine Reihe von Kurzgeschichten. Anfang 1988 erscheint sein vielbeachteter Roman «Abgang», eine Mischung aus Realität und Fiktion, in der er seine eigene Geschichte und die der «zweiten Generation» der RAF verarbeitet hat.

Seit Ende 1987 ist Boock in der Justizvollzugsanstalt Hamburg-Fuhlsbüttel im «Normalvollzug» inhaftiert. Ebenso wie die Ex-Terroristin Angelika Speitel hat er ein Gnadengesuch an Bundespräsident Richard von Weizsäkker gestellt.

rororo aktuell Essay
Herausgeber Ingke Brodersen · Freimut Duve

«Die Kirche vergißt, daß sie sich zu einem Herrn bekennt, der als Aufrührer hingerichtet wurde. Der christliche Glaube ist so politisch, wie er persönlich ist. Er hat es mit dem Frieden der Staaten ebenso zu tun wie mit dem Frieden der Herzen. Denn er betrifft den ganzen Menschen. Wer ihn zu einem abgesonderten Lebensbezirk macht, verurteilt ihn zur Bedeutungslosigkeit.»

rororo aktuell
Essay 12136

«Kultur ist das eigentliche Leben. Sie liegt der Politik und Wirtschaft, dem Lokalen und dem Feuilleton zugrunde und verbindet sie. Kultur ist kein Vorbehaltsgut für Eingeweihte, sie ist vielmehr unser aller Lebensweise. Sie ist folglich auch die Substanz, um die es in der Politik geht.»

rororo aktuell
Essay 12249

aktuell rororo

C 2338/1

2073/1